어린이 과학형사대 CSI ④

초판 1쇄 발행 | 2008년 12월 16일
개정판 1쇄 발행 | 2024년 9월 2일

지은이 | 고희정
그린이 | 서용남
감 수 | 곽영직

펴 낸 곳 | (주)가나문화콘텐츠
펴 낸 이 | 김남전
편 집 장 | 유다형
편   집 | 김아영
디 자 인 | 양란희
마 케 팅 | 정상원 한웅 정용민 김건우
관   리 | 임종열

출판 등록 | 2002년 2월 15일 제10-2308호
주   소 | 경기도 고양시 덕양구 호원길 3-2
전   화 | 02-717-5494(편집부) 02-332-7755(관리부)
팩   스 | 02-324-9944
홈페이지 | ganapub.com
이 메 일 | ganapub@naver.com

ⓒ 고희정, 2008

ISBN 978-89-5736-459-8 (74400)
     978-89-5736-440-6 (세트)

* 책값은 뒤표지에 표시되어 있습니다.
* 이 책의 내용을 재사용하려면 반드시 저작권자와 (주)가나문화콘텐츠 양측의 동의를 얻어야 합니다.
* 잘못된 책은 구입하신 서점에서 바꾸어 드립니다.
* '가나출판사'는 (주)가나문화콘텐츠의 출판 브랜드입니다.

- 제조자명 : (주)가나문화콘텐츠
- 주소 및 전화번호 : 경기도 고양시 덕양구 호원길 3-2 / 02-717-5494
- 제조연월 : 2024년 9월 2일
- 제조국명 : 대한민국
- 사용연령 : 4세 이상 어린이 제품

어린이 과학형사대 CSI ④
CSI, 더 큰 세상으로 나아가다

글 고희정 · 그림 서용남
감수 곽영직

주인공 소개

박춘삼 교장 (66세)

- 어린이 형사 학교 교장. 똑똑한 어린이들을 모아 CSI를 만든다. 게으르고 잠꾸러기여서 교장실에서 주로 하는 일은 코 골며 잠자기.

어수선 형사 (34세)

- 박춘삼 교장의 조수 겸 형사. 항상 말 많고 어수선하고 덤벙대서 문제를 잘 일으킨다. 그러나 역시 사건이 터지면 박춘삼 교장과 환상의 콤비로 행동한다.

반달곰 (12세)

- 동식물에 대한 지식이 깊다. 행동이 아주 느리지만 순수하고 착한 시골 아이. 곰과 비슷한 정도로 덩치가 크고, 힘도 아주 세서 힘쓸 일은 도맡아 한다.

나혜성 (13세)

- 백과사전과 같은 잡학의 달인으로, 특히 우주와 지구에 대해 잘 알고 있다. 얼짱 꽃미남이지만 엄청난 잘난 척과 대단한 이기심을 가진 왕재수.

한영재 (12세)

- 물리적 현상에 대한 지식과 기계 다루는 솜씨가 뛰어나다. 이미 고등학교 물리, 수학 문제를 다 풀 정도의 뛰어난 영재. 끈질긴 성격과 대단한 집중력이 있다.

이요리 (13세)

- 화학적 현상에 대한 지식이 해박하다. 게다가 무엇이든 실험해 봐야 직성이 풀리는 불굴의 실험 정신을 지니고 있다. 요리를 좋아하고 재능도 많다.

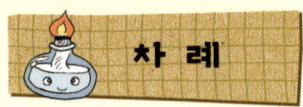# 차례

 경찰서에 간 '어린이 과학 형사대 CSI' • 6

🌸 사건 1 : 소영이를 찾아라! • 12
　　　핵심 과학 원리 – 소리
　　　영재가 들려주는 사건 해결의 열쇠 • 40

🎤 사건 2 : 유명 가수 살인 사건 • 44
　　　핵심 과학 원리 – 세포
　　　달곰이가 들려주는 사건 해결의 열쇠 • 70

💻 사건 3 : 누가 스파이일까? • 74
　　　핵심 과학 원리 – 구름과 바람
　　　혜성이가 들려주는 사건 해결의 열쇠 • 100

⛰ 사건 4 : 자살일까, 타살일까? • 104
　　　핵심 과학 원리 – 이끼
　　　달곰이가 들려주는 사건 해결의 열쇠 • 130

✈ 사건 5 : 뉴욕 CSI에 가다 • 134
　　　핵심 과학 원리 – 기체의 성질
　　　요리가 들려주는 사건 해결의 열쇠 • 160

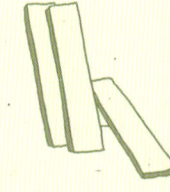

CSI, 드디어 돌아오다 • 164

특별 활동 : CSI, 함께 놀며 훈련하다! • 170

찾아보기 • 180

경찰서에 간 '어린이 과학 형사대 CSI'

사건 해결에, 연구에 바쁜 한 학기를 보낸 '어린이 과학 형사대 CSI'대원들. 달콤한 여름 방학은 뒤로 미루고 2주 동안 각자 배정된 경찰서에서 업무를 수행하게 되는데……

안녕하세요. 새로 출근하게 된 이요리라고 합니다.

오, 네가 요리구나. 나는 김희진 팀장이야. 반갑다.

안녕? 예쁘게 생겼네.

하이!

자, 그럼 일을 시작해 볼까. 요리, 지문 채취할 줄 알지?

네, 물론입니다.

좋아, 그럼 이 형사를 따라 부검실로 가거라. 거기 방금 들어온 시체가 있는데……

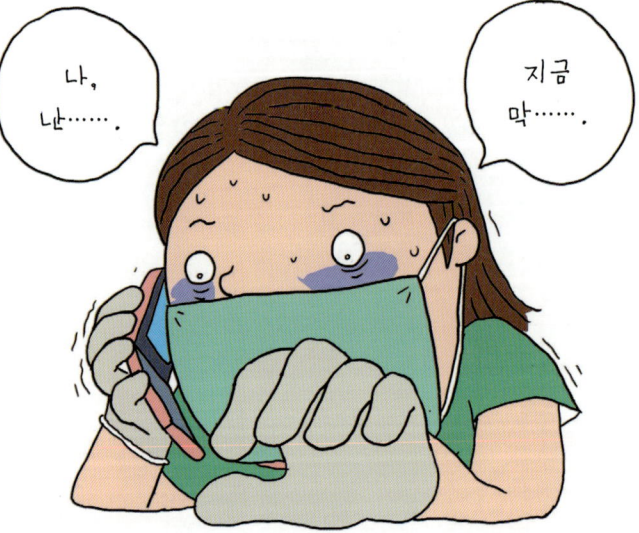

한편, 달곰이는 할머니가 보고 싶어서 방학이 오기만을 기다리고 기다렸는데, 마침 지리산 경찰서에서 일하게 되어 정말 잘됐다는 생각이 들었다.

■ 핵심 과학 원리 – 소리

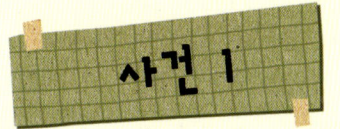

소영이를 찾아라!

"오늘 밤 9시. 한강 나루 공원 매점 뒤쪽,
가로등 건너편 벤치 밑에 현금 1억 원을 놓고 가십시오.
그럼 소영이를 돌려보내겠습니다."

유괴 사건 발생

"234+212+345+398+567+2,345는?"

영재가 망수리 경찰서에 배치된 지 꼭 나흘째. 오늘도 출근하자마자 어김없이 계산 배틀이 열리고 이제 막 결승전이 시작되었는데, 최 형사가 속사포처럼 불러 대는 숫자에 이 형사는 손가락 움직이기 바쁘다. 그러나 우리의 영재는 암산으로 문제 끝나기가 무섭게 답을 외쳤다.

"4,101."

"정답!"

"와, 영재 최고! 역시 천재다, 천재!"

모두 난리가 났다. 하기야 나흘 내내 영재가 이겼으니 그런 말이 나올 법도 하다. 그러니 오늘도 아이스크림은 영재 차지. 모두 부러워하고 있는데, 바로 그때였다.

"유괴 사건 발생. 유괴 사건 발생."

쩌렁쩌렁 울리는 소리에 방금 전의 분위기는 온데간데없고, 싸늘한 긴장감이 돌기 시작했다.

"최 형사, 가 보지."

송 반장의 지시에 최 형사가 벌떡 일어났다. 영재는 이때다 싶었다.

"반장님, 저도 가고 싶어요."

순간, 모두의 시선이 영재에게 쏠렸다. 이런! 들어온 지 며칠 되지도 않았는데 너무 당돌했나? 영재는 괜한 짓을 했나 싶었다.

"그래! 같이 가."

다행히 송 반장은 흔쾌히 허락해 주었다.

어디로 갔을까?

박소영. 8세. 망수리 초등학교 1학년. 아빠는 의사, 엄마는 디자이너로 부유한 집안의 외동딸. 언제나 바쁜 아빠 엄마 때문에 입주 도우미 아주머니가 돌보아 준다는데, 어제 오후 4시 30분에 영어 학원 버스에서 내린 후 사라졌다고 한다. 최 형사가 도우미 아주머니에게 물었다.

"없어진 걸 처음 아신 건 언제였죠?"

"5시 반쯤이요. 어제 김치 담그느라 좀 정신이 없었거든요. 시간 가는 줄 몰랐어요. 그러다 깜짝 놀라서 시계를 보니까 5시 반이 넘었는데 소영이가 안 온 거예요. 보통 4시 40분이면 들어오는데……."

"그래서 어떻게 하셨나요?"

"찾으러 나갔죠. 놀이터랑 요 앞 큰길가에 있는 가게들이랑 다 둘러봤는데 없더라고요."

그러자 소영이 엄마가 말했다.

"6시 반쯤 아주머니가 전화를 하셨어요. 소영이가 없어졌다고. 그래서 부리나케 집으로 와서 온 동네를 다 찾아다니고 친구 집에 전화도 했는데 없더라고요."

"그런데 왜 그때 바로 신고를 안 하셨나요?"

"하려고 했죠. 그런데 한 8시쯤 됐나? 전화가 온 거예요. 흑흑흑."

결국 소영이 엄마는 울음을 터뜨리고 말았다. 그러자 소영이 아빠가 말을 이었다.

"소영이를 데리고 있다, 경찰에 신고하면 아이의 안전은 책임 못 진다, 내일 아침 다시 전화한다고 했어요. 그러니까 소영이 엄마가 신고하지 말자고, 소영이가 위험해지면 어떡하냐고 울고불고해서……. 그

런데 밤새 생각해 보니 안 되겠더라고요. 그래서 신고한 겁니다."

이때 갑자기 소영이 엄마가 최 형사를 붙잡고 울부짖기 시작했다.

"우리 소영이 좀 찾아 주세요. 제발, 제발 찾아 주세요. 그, 그리고 경찰에 신고한 걸 범인이 눈치 채면 어떡하죠? 그럼 우리 소영이 가만두지 않겠다고 했는데! 흑흑흑."

> **전화기를 발명한 사람은?**
>
> 알렉산더 그레이엄 벨? 그렇게 알고 있는 친구들이 많지만 그건 잘못된 상식이야. 2002년 미국 의회에서는 '안토니오 메우치'를 전화기의 진짜 발명가라고 인정했어. 메우치는 환자를 전기로 치료하는 실험을 했어. 어느 날 그는 환자의 편두통을 고치려고 환자의 입안에 작은 구리 전극을 대고, 옆방에 가서 자신의 입안에 똑같은 구리 전극을 댔어. 그리고 약한 전류를 흘렸더니, 순간적으로 환자의 소리가 입을 통해 귀에 들렸던 거야. 그 후 메우치는 많은 실험 끝에 1860년경 '말을 전하는 기계'를 만들었지.

"걱정 마세요. 철저히 비밀리에 수사하겠습니다. 저희도 소영이의 안전을 최우선으로 생각하고 있습니다."

최 형사의 믿음직스러운 답변에 소영이 엄마는 위로가 되는 듯했다.

"소영이 사진 한 장 주세요. 아주머니, 소영이가 어떤 옷을 입었죠?"

"분홍색 꽃무늬 원피스에 분홍색 꽃 핀을 하고, 흰색 구두를 신었어요. 영어 학원 가방을 메고요."

잠시 후, 최 형사는 익숙한 솜씨로 소영이네 집 전화와 소영이 부모의 휴대 전화에 도청 장치와 위치 추적 장치를 설치했다. 범인이 다시 전화한다고 했기 때문이다. 그 다음 영재와 최 형사는 소영이가 4시 30분에 학원 차에서 내린 이후의 행적을 쫓아 보기로 했다. 소영이가 갔을 길을 예상하며 걸어가니, 5분쯤 지나 소영이가 자주 간다는 편의점이 나왔다.

편의점 안으로 들어간 최 형사는 주인을 찾더니, 아주 은밀히 사건에 대해 설명했다. 그리고 혹시 수상한 사람은 없었는지, 그 시간에 소영이를 보았는지 물었다.

"글쎄요. 그 시간은 워낙 손님이 많을 때라 눈여겨보지 않았습니다."

그래서 둘은 할 수 없이 편의점에 설치된 CCTV 데이터만 받아서 나왔다. 다음은 역시 소영이가 자주 간다는 문방구. 다행히 문방구 주인아주머니는 소영이를 잘 알고 있었다. 하지만 역시 그날 온 것은 기억하지 못했다. 그래서 둘은 거기서도 CCTV 데이터만 받아서 돌아왔다.

최 형사와 영재는 경찰서로 돌아와 CCTV 데이터를 살펴보았다. 다행히도 데이터에는 소영이의 모습이 담겨 있었다. 4시 35분쯤 편의점에 들어온 소영이는 아이스크림을 하나 사서 4시 40분쯤에 나갔다. 그러고는 4시 50분쯤 문방구에서 인형을 고르고 있었다. 그런데 한참 이 인형 저 인형 만지작거리던 소영이가 잠시 주춤하더니 갑자기 뛰어나갔다.

"왜 그러지? 어디로 간 거야?"

다른 위치를 찍은 데이터를 확인했지만 소영이의 모습은 더 이상 보이지 않았다. 그때 영재의 머릿속에 번뜩 떠오르는 생각.

"조금 전에 아이스크림 먹었잖아요. 혹시 배가 아파서 화장실에 간 것이 아닐까요? 찬 것을 먹으면 배 아플 때가 많잖아요."

최 형사는 영재의 말이 나름 일리가 있다는 생각이 들었다. 그래서 벌떡 일어나며 말했다.

소영이를 찾아라!

"그래, 화장실로 가 보자!"

영재와 최 형사는 곧바로 문방구 건물 1층에 있는 화장실로 갔다. 그리고 무엇인가 흔적이 남아 있지 않을까 여기저기 면밀히 살펴보았다.

"어, 이 머리핀, 혹시?"

최 형사가 화장실 입구에 떨어져 있는 핀을 발견했다. 분홍색 꽃 핀.

"맞아요. 소영이가 분홍색 꽃 핀을 하고 있었다고 했어요."

소영이네 집에 가서 확인해 보니, 예상대로 소영이의 머리핀이었다. 그렇다면 소영이는 바로 그 화장실에서 납치되었을까? 그리고 화장실까지 따라와 납치했다면, 그전에도 뒤를 밟았던 걸까? 최 형사가 말했다.

"좋아. 경찰서로 돌아가서 확보한 CCTV 데이터를 다시 분석해 보자. 혹시 소영이 주위에 수상한 사람이 있는지."

"네!"

그때였다.

"따르르릉~. 따르르릉~."

소영이네 집 전화가 요란스럽게 울렸다. 순간, 모두의 시선이 최 형사에게 쏠리고, 최 형사는 차분한 목소리로 소영이 아빠에게 지시했다.

"자, 셋을 세면 받으세요. 하나, 둘, 셋!"

도청 장치와 위치 추적 장치가 작동하기 시작하고, 소영이 아빠가 떨리는 목소리로 전화를 받았다.

"여보세요?"

"소영이 데리고 있는 사람입니다."

"아, 네, 네. 전화 기다렸습니다."

"오늘 밤 9시. 한강 나루 공원 매점 뒤쪽, 가로등 건너편 벤치 밑에 현금 1억 원을 놓고 가십시오. 그럼 소영이를 돌려보내겠습니다."

최 형사가 위치 추적을 위해 계속 말을 시키라는 시늉을 했다.

"네? 어, 어디요?"

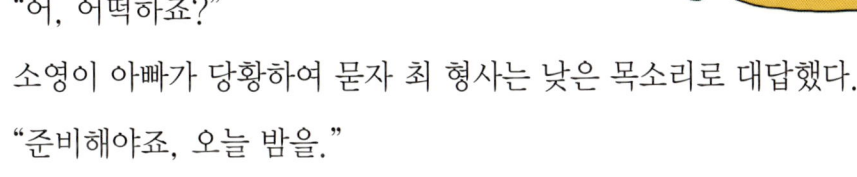

소영이 아빠가 다시 물었다.

"두 번 말하지 않습니다."

딸깍! 범인은 매몰차게 전화를 끊었다. 위치 추적은 실패하고 말았다.

"어, 어떡하죠?"

소영이 아빠가 당황하여 묻자 최 형사는 낮은 목소리로 대답했다.

"준비해야죠, 오늘 밤을."

범인은 누구일까?

영재는 경찰서로 돌아와 최 형사가 시킨 대로 CCTV 데이터를 다시 면밀히 살펴보았다. 다행히 편의점에서 가져온 데이터 중 소영이가 있는 곳이 아닌 다른 곳을 찍은 화면에서 수상쩍은 남자를 발견했다.

무더운 날씨에 어울리지 않게 긴팔 회색 점퍼를 입고 검은 모자를 푹 눌러쓴 그 남자는 한 손에 신문을 쥐고는 계속 뭔가를 살피고 있었다. 그러더니 갑자기 휙 나가는 것이 아닌가. 영재는 그 장면을 송 반장에게 보였다. 그러자 송 반장은 고개를 끄덕이며 말했다.

"푹푹 찌는 날씨에 점퍼라……. 좀 이상하긴 하군. 가게에서 나간 시간도……. 4시 38분. 소영이보다 2분쯤 먼저 나갔네."

"혹시 미리 나가 기다린 게 아닐까요?"

"그래. 그럴 수도 있겠지. 좋아! 그럼 한번 찾아보자고. 이 형사, 이 남자 인상착의로 몽타주 만들어서 소영이 사진이랑 같이 주변 지역 경찰에 나누어 줘. 그리고 일단 전과자 위주로 찾아봐."

"네!"

"자, 그럼 오늘 저녁 준비 좀 해 볼까? 최 형사, 한강 나루 공원이 여기서 얼마나 걸리지?"

"걸어서 20분, 자동차로 5분 정도 걸립니다."

"음……. 소영이네 집에서 멀리 떨어지지 않은 곳이라……. 역시 주변 인물의 소행일 가능성이 높군. 어린이 대상 범죄의 70% 정도가 어린이 보호 구역에서 발생하고, 또 많은 경우에 같은 동네 사람이 범인이었다는 거 알지? 한강 나루 공원의 위치와 건물 등의 배치를 잘 아는 것으로 봐서, 이번 사건의 범인도 주변 인물일 가능성이 아주 높아. 그러니까 더욱 철저하게 비밀을 유지하도록."

"네!"

"자, 그럼 소영이 아빠가 돈을 가지고 가게 될 경로와 경찰 배치부터 짜 보자고."

계획은 소영이 아빠가 돈을 놓고 돌아오면 범인이 분명 돈을 가지러 나타날 테니 그때 잡자는 것인데, 그러자면 계속 그곳을 감시해야 한다. 한강 나루 공원이라면 영재도 가끔 아빠와 자전거를 타러 가는 곳이라 잘 아는데, 범인이 말한 그 벤치는 매점 뒤쪽으로 쑥 들어간 곳에 있어 밤이면 사람들의 왕래가 적다. 또 벤치 뒤쪽으로는 높은 담이 있고, 앞쪽에는 매점 외에 큰 나무나 건물이 없어 경찰이 숨을 수 없었다.

"걱정이군. 숨을 데가 없어."

최 형사가 한숨을 쉬며 말했다. 경찰이 범인의 눈에 띄면 범인이 달아날 확률이 높고, 그렇게 되면 소영이는 물론 소영이 아빠까지 위험에 처할 수 있으니 조심, 또 조심해야 하는 상황인 것이다. 그래서 모두 난감해 하는데, 영재가 조심스레 말을 꺼냈다.

"제가 자전거 타는 아이로 위장해서 감시하면 어떨까요? 제가 용의자를 확인하고 신호를 하면 그때 나오시면 되잖아요."

순간, 모두 놀란 눈으로 영재를 쳐다보았다. 한마디로 위장 잠입을 하겠다는 건데! 송 반장은 고개를 저으며 말했다.

"글쎄……. 그건 좀 위험하지 않을까? 범인이 무기를 가지고 있을 수도 있고……."

"다가가지 않고 보기만 할게요. 아! 최 형사님이 아빠로 위장해서 저와 같이 가시면 되잖아요."

"오, 그래! 괜찮은데. 난 찬성!"

최 형사가 찬성하자 송 반장도 결심을 굳혔다.

"좋아! 그럼 일단 경찰은 한 단계 뒤쪽에서 엄호하고, 소영이 아빠가 먼저 가방 놓고 오면 그 시간에 맞춰 영재랑 최 형사가 출발한다."

범인을 잡아라!

그날 밤 8시부터 영재와 최 형사는 아들과 아버지로 위장, 소영이 아빠와 함께 한강 나루 공원에서 대기했다. 드디어 9시 5분 전, 송 반장이 지시를 내렸다.

"소영이 아버지, 나가세요."

먼저 소영이 아빠가 가방을 들고 출발했다. 그리고 한 7분쯤 지났을까? 멀리서 소영이 아빠가 걸어오는 모습이 보였다.

"자, 영재랑 최 형사, 출발!"

영재와 최 형사는 자전거를 타고 부자지간인 양 최대한 자연스럽게 이야기를 나누며 매점 근처로 갔다. 그리고 매점을 가운데 두고 뒤쪽 벤치까지 연결된 타원형 좁은 길을 따라 천천히 왔다 갔다 하면서 오가는 사람들의 행동을 유심히 살폈다. 그러기를 약 20바퀴. 시간은 벌써 10시가

다 되어 가는데, 범인은 나타날 생각을 하지 않았다. 혹시 범인이 눈치챈 것일까? 영재와 최 형사는 불안해지기 시작했다. 그리고 잠시 후, 영재와 최 형사의 귀에 꽂은 이어폰으로 송 반장의 목소리가 들렸다.

"돌아오라, 돌아오라."

돌아오라고? 벌써? 두 사람이 경찰차가 대기하고 있는 곳으로 돌아오니, 송 반장이 어두운 얼굴로 말했다.

"범인이 전화했어. 경찰에 알려서 안 나오겠다고."

이런! 혹시나 했던 일이 실제로 일어나고 말았다. 그렇다면 소영이의 안전은 누구도 장담하지 못하는 상황. 이제 어떻게 해야 한다는 말인가? 모두 허탈하고 막막한 기분으로 경찰서로 돌아왔다.

그런데 경찰서에 있던 이 형사가 들뜬 목소리로 송 반장에게 말했다.

"CCTV에 찍힌 용의자를 잡아 왔습니다."

"용의자를 잡아 왔다고? 그럼 전화는?"

"전화요?"

"그래. 10분 전쯤 범인이 다시 전화했는데!"

"그래요? 그럼 아닌가?"

이 형사는 범인이 전화했다는 사실을 미처 몰랐는지 실망한 기색이 역력했다. 최 형사가 물었다.

"누군데?"

"이용식이라고 소매치기 전과 4범인데요. 같이 일했던 애들 붙잡아 다그쳤더니, 요즘 소영이네 동네가 주 무대라고 하더라고요. 그래서 집으로 들이닥쳐 잡았죠."

"그래? 그럼 또 모르니까 일단 데려와 봐."

잠시 후, 이용식이 최 형사 앞으로 끌려 나왔다.

"8월 2일 망수리 아파트 앞 편의점에 간 적 있지?"

"아, 예. 거기야 뭐, 가끔……."

"거기서 뭐 했어?"

"뭐 하긴요. 신문 하나 샀어요. 제가 요즘 경제에 관심이 많아서……. 아유~, 또 의심하시는구나! 저 완전히 손 씻었어요. 정말이에요."

빼질빼질, 능글능글하게 대꾸하는 이용식. 그러자 최 형사가 버럭 소리를 질렀다.

"무슨 소리야! CCTV에 다 찍혀 있는데. 보여 줄까?"

그러자 이용식의 얼굴 표정이 싹 바뀌었다.

"처, 처음이었어요. 안 그러려고 했는데 나도 모르게 손이 가방으로……. 잘못했습니다. 죽을죄를 지었습니다."

"무슨 소리야! 손이 가방으로 어쨌다는 거야? 소영이 어떻게 했냐고, 소영이!"

"네? 소영이요? 소영이가 누군데요?"

아니, 잘못했다고 하더니 소영이를 모른다고? 최 형사는 벌떡 일어나 CCTV 데이터를 재생했다.

"자, 봐. 얘가 소영이거든. 소영이 주변에서 뱅뱅 돌다가 소영이가 아이스크림 값을 치르는 사이에 먼저 나갔잖아. 그리고 소영이를 따라갔지. 소영이가 문방구에 들렀다 화장실에 혼자 가니까 화장실로 따라가 소영이를 유괴했잖아. 화장실 앞에서 소영이 머리핀도 발견됐어."

그러자 이용식은 손사래를 치며 강력히 부인했다.

"유괴라니요. 전 절대 아닙니다. 전 그냥 지갑, 지갑만 슬쩍했어요."

"지갑?"

"네. 어떤 아가씨 가방이 열려 있어서. 정말이에요."

아니나 다를까, 눈 깜짝할 사이에 일어난 일이라 미처 발견하지 못한 장면이 있었으니, 바로 이용식이 나가면서 잽싸게 한 여자의 가방 안에 든 지갑을 슬쩍 빼내 가는 장면이었다. 결국 이용식은 유괴범이 아니라 단순 절도범이었던 것이다. 하기야 이용식이 경찰서에 잡혀 온 후에 범인이 전화를 걸었으니, 시간상으로도 맞지 않았다. 그렇다면 유괴범은 도대체 누구란 말인가?

무슨 소리일까?

수사는 원점으로 돌아왔다. 다음 날 아침, 영재는 최 형사, 이 형사와 함께 소영이네 집으로 갔다. 소영이 부모님은 소영이에게 무슨 일이 벌어진 것은 아닐까 하는 걱정에 밤새 잠도 못 자고 울었다고 했다. 그러나 할 수 있는 것이라고는 오로지 범인이 다시 전화를 걸어 오길 기다리는 것밖에 없으니, 참으로 한심한 상황이었다.

그런데 어젯밤, 경찰에 알렸으니 안 나오겠다는 말만 하고 끊어 버린 범인이 과연 다시 전화를 걸어 오기는 할까? 이른 아침부터 소영이네 집에 모인 사람들은 30분이 넘도록 한마디도 안 하고 전화만 바라보고 있었다. 갈수록 입이 바짝바짝 마르고 온몸에서 힘이 빠지는 듯했다.

그런데 바로 그때였다.

"따르릉~, 따르릉~."

드디어 전화벨이 울렸다. 최 형사의 신호에 따라 소영이 아빠가 조심스레 전화를 받았다.

"여보세요?"

"잘 주무셨나요?"

범인이다! 다행히 범인이 다시 전화를 한 것이다.

"소영인 괜찮나요? 살아 있는 거죠?"

"네. 하지만 지금도 경찰이 같이 듣고 있겠죠? 계속 그렇게 하시면 저도 더 이상 어쩔 수가 없습니다."

모두가 뜨끔. 꼭 범인이 지금 이 현장을 보고 있는 것 같은 착각이 들어 섬뜩했다. 그러나 다행히 위치 추적 장치에서 범인의 위치가 점점 좁혀지고 있으니, 이제 조금만 더 시간을 끌면 될 텐데……. 최 형사가 소영이 아빠에게 시간을 좀 더 끌라고 손짓을 했다.

"아, 아니에요. 이제 경찰은 없어요. 그러니까 소영이 좀 살려 주세요. 소영이가 살아 있다는 것만 확인시켜 주세요. 그러면 1억 5000. 1억 5000만 원 드릴게요. 네? 제발요."

제발 조금만 더……. 그러나!

"생각해 보죠."

잠시 침묵하던 범인은 이 한마디만 하고는 딸깍! 또 매몰차게 전화를 끊어 버렸다. 정확한 위치가 막 나오려는 찰나였는데, 귀신같이 알고 전화를 끊다니! 결국 위치 추적은 또다시 실패했고, 모두 망연자실. 이제 다시 범인이 전화를 할 때까지 기다려야 하는가.

그런데 그때, 깊은 침묵을 깨고 영재가 말을 꺼냈다.

"저……. 방금 걸려 온 전화, 다시 들을 수 있어요?"

갑작스런 영재의 말에 모두 의아한 표정이었다. 영재가 말을 이었다.

"다른 소리가 들린 것 같아서요."

"다른 소리? 그래? 그럼 다시 돌려 봐."

최 형사의 말에 이 형사가 얼른 녹음된 소리를 재생했다.

"여기, 여기요."

'지금도 경찰이 같이 듣고 있겠죠? 계속 그렇게 하시면 저도 더 이상 어쩔 수가 없습니다.'

범인의 목소리가 다시 흘러나왔다.

"배경으로 이상한 소리 들리죠? 뭔가 길게 이어지는 소리요."

그런 것 같기는 한데, 워낙 작게 들려서 알아듣기 어려웠다.

"그리고 계속 돌려 보면……. 아, 여기요. 잠깐 말 끊어졌을 때, 사람 소리 들리죠?"

다시 주의 깊게 듣자, 영재 말대로 정말 사람 소리가 들리는 것 같았다. 하지만 말이 워낙 빠른 데다가 작게 들려서 무슨 소리인지 영 알아들을 수가 없었다. 영재는 조심스럽게 자신의 의견을 내놓았다.

"일단 소리 분석실로 보내서 분석해 보는 게 어때요?"

"소리를 분석해 본다고?"

이 형사가 물었다.

"네. 우리 귀에 들리는 소리를 분석해 보면 세 가지의 중요한 요소를 갖추고 있는데요."

"세 가지의 중요한 요소?"

"네. 소리의 높낮이, 세기, 음색인데요. 소리마다 이 세 가지 중 적어도 한 가지는 다르거든요. 그래서 악기 소리와 사람 목소리가 다르고, 악기 소리 중에서도 피아노 소리와 바이올린 소리가 다른 거죠."

"그럼 소리를 분석하면 그게 무슨 소리인지 알 수 있단 말이지?"

최 형사가 놀랍다는 듯이 물었다.

"네. 녹음된 소리를 잘 분석해서 그 높낮이, 세기, 음색을 비교해 보면 소영이 아빠와 범인의 목소리 외에 다른 어떤 소리가 들어 있는지 찾아낼 수 있을 거예요."

"그 소리를 분석하면 범인이 전화한 위치에 대한 단서를 찾을 수 있다는 거지? 멋지다! 괜찮은 방법인데요."

이 형사가 동의하자 최 형사도 고개를 끄덕이더니 지시를 내렸다.

"좋아, 그럼 테이프를 소리 분석실로 넘겨."

그 순간 또다시 전화벨이 울렸다.

"여보세요!"

소영이 아빠가 떨리는 목소리로 전화를 받았다. 그런데 이 목소리는!

"아빠, 아빠! 살려 주세요. 구해 주세요."

"소영아, 소영아!"

그러고는 전화를 바꾼 범인.

"됐죠? 오늘 밤 9시. 1억 5000만 원. 서울역 10번 플랫폼 옆 쓰레기통 앞, 쇼핑백에 넣어서 놔두세요. 경찰 없이. 잊지 마세요."

딸깍. 전화는 바로 끊어졌다. 그래도 천만다행이었다. 아직 소영이가 살아 있으니 말이다.

"됐어, 일단 됐어. 흑흑흑."

"소영아~, 소영아~, 흑흑흑."

소영이의 부모는 애써 참았던 눈물을 쏟아 냈다. 그러나 아직 안심할 때가 아니다. 밤까지 넋 놓고 앉아 기다릴 수는 없지 않은가. 그런데 가만히 뭔가를 생각하던 영재가 다시 테이프를 돌리며 말했다.

"분명히 울렸어요. 소리가 울렸어요. 다시 들어 보세요."

'아빠, 아빠! 살려 주세요. 구해 주세요.'

그렇다. 소영이의 목소리가 마치 메아리가 울리듯 퍼져 들렸다.

"소리는 어떤 물질을 진동해서 전달되잖아요. 그러다가 닿는 물질에 따라 반사되기도 하고 흡수되기도 하죠. 특히 유리나 콘크리트처럼 단단한 면에 부딪히면 잘 반사되는데, 그러면 마치 메아리가 울려 퍼지듯 소리가 울리는 거예요."

"소리가 유리나 콘크리트에 반사되어 울린다? 거기가 어디일까?"

이 형사가 물었다.

"제 생각엔 텅 비어 있고 밀폐된 곳임에 틀림없어요. 그런 곳일수록 소리는 더 잘 반사되거든요."

영재의 말을 들은 최 형사는 지시를 내렸다.

"좋아. 그럼 이 형사, 이 테이프도 같이 소리 분석실로 넘기고, 분석하는 데 얼마나 걸리는지 물어봐."

🌸 소영이를 찾아라

그날 오후 2시. 드디어 기다리고 기다리던 분석 결과가 나왔다.

"첫 번째 전화에서 뒤의 길게 들리는 듯한 소리는 일정한 간격으로 소리가 반복되는 것과 주파수 변화로 봐서 기계 소리로 판단됩니다. 거기에 음색까지 비교해 본 결과, 기차 소리로 추정됩니다."

과학 수사대 소리 분석과 한소리 박사의 말에 모두 깜짝 놀라 소리쳤다.

"기차 소리요?"

"네. 그리고 끝 부분에 들리는 소리는 예상대로 말소리인데요. 누군가 옆을 지나가면서 전화로 말하는 소리인 것 같아요. 들어 보세요. 제가 좀 천천히 잘 들리도록 해 봤거든요."

'수리 유치원 앞인데!'

"수리 유치원이요?"

"네. 수리 유치원 앞이라고 분명히 말하고 있습니다. 그리고 두 번째 전화는 텅 비고 밀폐된 공간에서 건 전화 맞습니다. 아마 지하실이나 창고, 공사장 같은 곳이겠죠."

영재의 추리가 맞은 것이다.

"분명 수리 유치원 앞에서 10분 거리 안에 있는 곳일 거예요. 첫 번째 전화를 끊고 소영이가 전화하기까지 7, 8분 정도 안 걸렸거든요."

영재의 말에 최 형사가 명령을 내렸다.

"좋아! 그럼 먼저 수리 유치원이 어디 있는지 찾아봐. 지하철역이나 기차역 근처일 거야. 그리고 그 근처에 지하실이나 창고, 공사장이 있나 샅샅이 뒤져 보자고. 빨리 찾아봐, 빨리!"

주파수란?

'주파수'란 소리나 전파 등의 파동이 1초 동안 진동하는 횟수를 말하는데, '진동수'라고도 하지. 단위는 Hz(헤르츠)를 써. 예를 들어 1초 동안 10번 진동한 파동의 주파수는 10Hz지. 더 큰 단위로는 kHz(1kHz=1,000Hz)나 MHz(1MHz=100만 Hz) 등이 있어. 라디오를 듣다 보면, "12.3MHz……."라는 말이 가끔 나와. 이 '12.3MHz'가 방송국에서 라디오에 보내는 파동의 주파수야.

잠시 후, 소영이의 집이 있는 망수리역에서 한 정거장만 더 가면 나오는 중수리역 근처에 수리 유치원이 있다는 연락이 왔다. 예상대로 범인은 너무나 가까운 곳에 있었다. 곧바로 중수리역으로 경찰 100여 명이 출동하여, 역에서부터 사방 10분 거리에 있는 집이란 집, 건물이란 건물은 모조리 뒤지기 시작했다. 물론 범인이 먼저 경찰을 발견하고 소영이에게 해를 줄 수 있기 때문에 최대한 조용히 위장 조사를 했다.

그 결과, 범인이 소영이를 데리고 있을 것이라고 예상되는 곳은 모두 세 곳으로 좁혀졌다. 그래서 세 조로 나누어 잠복을 시작했는데, 영재는 최 형사와 함께 오랫동안 비어 있었다는 지하실 앞을 지키게 되었다.

"저녁 9시에 약속을 했으니, 그전에 한 번은 나오겠지."

그런데 아무리 기다려도 몇 시간째 인기척 하나 들리지 않았다. 혹시 잘못 짚은 것은 아닐까? 범인이 벌써 눈치 채고 도망간 것은 아닐까? 영재와 최 형사의 마음속에는 불안한 생각이 점점 고개를 들기 시작했다. 그러는 사이 어느덧 해가 뉘엿뉘엿 지고, 불안감은 점점 커져만 갔다. 바로 그때 정적을 깨고 무전기가 울렸다. 이 형사였다.

"여기는 공사장. 범인 추정 인물 출현. 범인 추정 인물 출현!"

"좋아, 일단 잡아!"

최 형사가 다급하게 명령을 내렸다. 그리고 영재와 최 형사는 누가 먼저랄 것도 없이 이 형사가 잠복 중인 공사장으로 뛰기 시작했다. 도착해 보니 이 형사는 벌써 도주하는 범인을 추적하는 중이었고, 공사장 주변에는 순식간에 몰려든 경찰들이 빙 둘러 진을 치고 있었다.

　최 형사가 경찰의 엄호를 받으며 조심스레 공사장 안으로 들어갔다. 건물을 짓다 만 지 꽤 오래된 듯 공사장은 온통 시멘트로 둘러싸여 있었고, 바닥에는 각종 건축 자재가 널브러져 있었다. 커다란 방을 지나 옆방으로 천천히 걸음을 옮길 때였다. 방문을 가로막은 묵직한 나무판 뒤로 작은 울음소리가 새어 나왔다.

　"흑흑흑. 엄마, 아빠……. 흑흑흑."

　최 형사는 순간, 소영이라는 확신이 들었다. 그래서 조심조심 다가가 나무판을 치우고 들어가 보니, 텅 빈 방 안 작은 돗자리 위에 한 여자아이가 앉아 울고 있는 것이 아닌가! 분홍색 꽃무늬 원피스를 입고…….

그리고 잠시 후, 추적 끝에 범인을 잡았다는 이 형사의 무전이 왔다. 결국 유괴 사건은 영재의 대활약과 망수리 경찰서 실종 수사팀의 멋진 호흡으로 완벽하게 해결된 것이다.

범인은 나이 서른다섯 살의 잘나가는 벤처 사업가였던 변수철. 2년 전 부도로 회사가 쫄딱 망한 후 빚쟁이를 피해 가족과도 떨어져 숨어 살고 있었다는데…….

"정말 죽을죄를 지었습니다. 사업에 실패한 후에 어떻게든 다시 일어서려고 했는데 방법이 없더라고요. 아내랑 아이들도 모두 친척집으로 뿔뿔이 흩어지고, 정말 막막했습니다."

"그래도 그렇지. 아이도 있는 사람이 유괴를 해요!"

최 형사가 기가 막혀 소리를 질렀다.

"학원 차에서 내리는 소영이를 보니까 부잣집 아이 같더라고요. 그래서 충동적으로……. 그냥 돈만 받고 돌려보내려고 했어요. 그런데 일이 자꾸 커진 거예요. 그것만은 믿어 주세요."

그러나 어찌 되었든 하루아침에 유괴범이 된 변수철. 후회의 눈물을 흘려도 이제는 어

찔 수 없었다.

영재는 소영이가 무사히 돌아와서 참 다행이라는 생각이 들었다. 그리고 자신이 수사에 도움이 되었다는 것이 정말 기뻤다.

"수고했다, 한영재!"

변수철이 나간 후 최 형사가 영재에게 손을 내밀었다. 그런데 영재는 괜히 쑥스러워 쭈뼛쭈뼛. 그러자 최 형사가 기분 나쁘다는 시늉을 하며 농담을 한다.

"어, 뭐야! 파트너가 맘에 안 든다, 이거야?"

"아, 아니에요."

"정말이야? 좋아, 그럼 악수! 앞으로도 잘 부탁해!"

영재는 가슴이 벅차올랐다. 그리고 처음부터 끝까지 자신을 믿어 준 최 형사가 참 고마웠다.

영재가 들려주는
사건 해결의 열쇠

어린이 유괴 사건 '소영이를 찾아라!'에서 사건 해결의 열쇠는 바로 '소리'에 대해서 잘 아는 거야. 소리는 어떻게 전달되고 어떤 특성이 있을까? 소리를 분석하면 정말 그 소리가 무슨 소리인지 알아맞힐 수 있을까?

💡 소리는 어떻게 전달될까?

일단, 냄비 뚜껑과 숟가락을 하나 준비해. 그리고 신 나게 두드려 봐. 어때? 시끄럽지? 그때 얼른 냄비 뚜껑을 살짝 만져 봐. 사르르 떨리는 떨림(진동)이 느껴지지 않니? 그래, 바로 그거야!

소리가 날 때에는 물체가 떨려. 달리 말하면 물체가 떨려야 소리가 나는 거야. 그러면 어떻게 냄비의 시끄러운 떨림, 즉 진동이 우리 귀에까지 들어

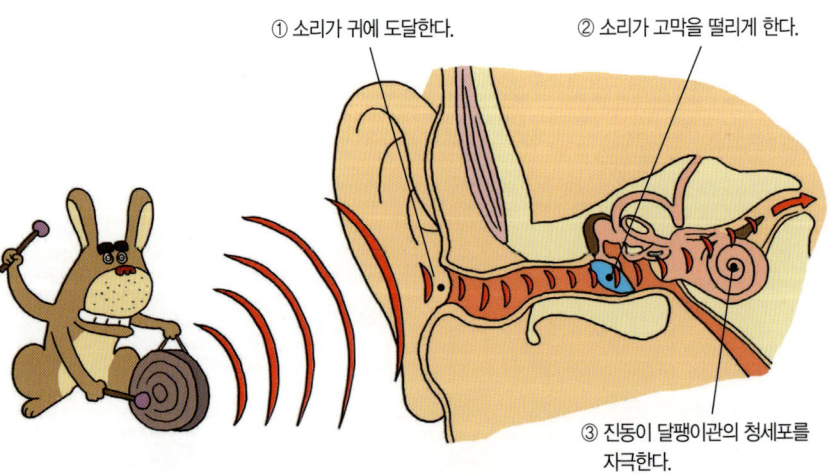

〈소리의 전달 과정〉

오는 걸까? 그건 진동이 한 곳에 머무르지 않고 공기 중으로, 물속으로, 또 창문이나 벽을 통해 전달되어 우리 귀의 고막을 떨리게 하기 때문이지.

이를 달리 말하면, 소리가 전달되려면 전달 물질이 꼭 필요하다는 거야. 그것을 '매질'이라고 하는데, 물, 공기, 금속, 나무 등 뭐든지 될 수 있어. 따라서 매질이 없는 상태에서는 소리가 전달될 수 없지. 그러니까 물질이 거의 없는 우주에서는 소리가 거의 안 들리겠지?

그렇다면 소리는 고체, 액체, 기체 중 어떤 매질에서 가장 빨리 전달될까? 답은 고체야. 멀리서 기차가 다가오는 것을 보다 빨리 알려면 쇠로 만든 기찻길에 귀를 대고 들으면 돼. 가만히 서서 공기를 통해 들을 때보다 기차 소리를 더 빨리 들을 수 있거든. 공기보다 금속을 통해 소리가 더 빨리 들리기 때문이지. 여러 가지 매질에서 소리가 전달되는 속도를 정리해 보았어. 여기서 'm/s'란 1초 동안 가는 거리를 말하는데, 속도의 단위야.

  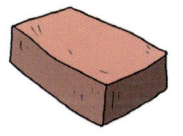 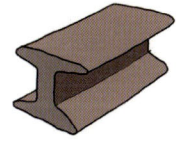

공기 340m/s   바닷물 1,531m/s   벽돌 3,650m/s   강철 5,200m/s

〈여러 매질에서 소리의 속도〉

💡 소리의 굴절, 반사, 흡수

소리는 가다가 공기나 여러 가지 물체를 만나면서 꺾이기도 하고(굴절), 되돌아오기도 하고(반사), 아예 없어지기도 하지(흡수).

소리는 낮보다 밤에 더 잘 들리는데, 이는 위쪽으로 퍼진 소리가 낮보다 밤에 더 많이 굴절되어 우리 귀에 더 많이 들어오기 때문이야.

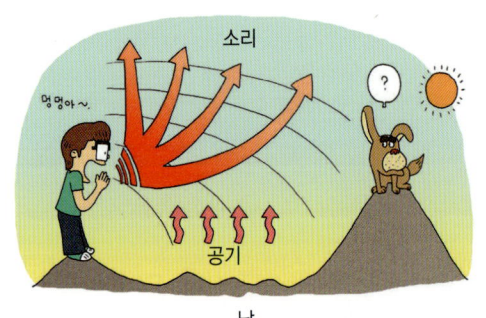 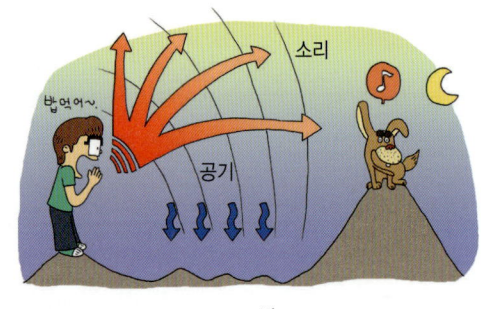

〈낮과 밤에 일어나는 소리의 굴절〉

또, 소리는 닿는 물질에 따라 반사되기도 하고 흡수되기도 해.

거울, 유리, 콘크리트, 금속판같이 단단한 물질과 부딪히면 잘 반사되지. 산에서 메아리가 생기고 지하실이나 동굴에서 소리가 울리는 이유가 바로 퍼져 나가던 소리가 산에, 또 벽에 부딪혀 반사되기 때문이야.

이와 반대로 솜, 스펀지, 이불, 흡음판같이 부드럽고 푹신푹신한 물체는 소리를 잘 흡수하지. 시끄러울 때 이불을 뒤집어쓰면 소리가 덜 들리는 이유는 바로 이불이 소리를 흡수하기 때문이야.

💡 소리의 3요소

이러한 소리를 분석해 보면 세 가지 요소로 이루어져 있음을 알 수 있어. 바로 소리의 높낮이, 세기, 음색이지.

소리의 높낮이는 주파수에 따라 달라져. 주파수란 소리 등의 파동이 1초 동안 진동하는 횟수로, 단위는 헤르츠(Hz)야. 주파수가 높을수록 높은 소리, 낮을수록 낮은 소리가 나. 보통 사람은 20~2만 Hz까지 들을 수 있대.

소리의 세기는 진폭에 따라 달라지며, 단위는 데시벨(dB)이야. 진폭이란 물체가 진동할 때 움직이는 거리야. 진폭이 클수록 소리는 세지지.

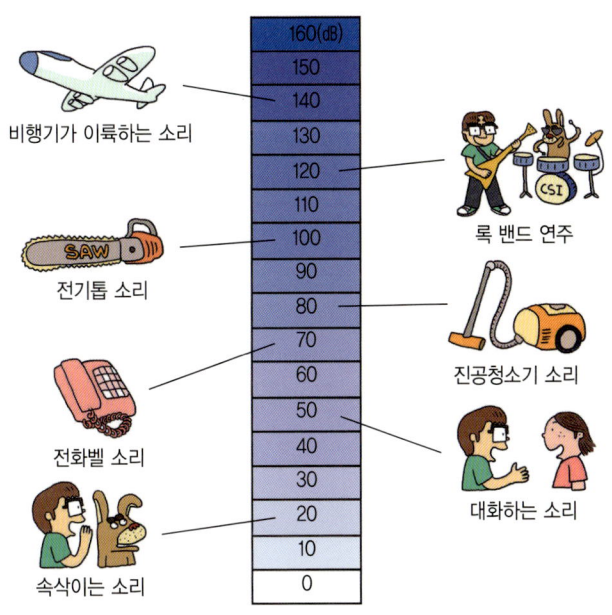

〈여러 가지 소리의 세기〉

그럼 음색이란 뭘까? 음색이란 진동하는 물체나 진동 방법이 달라서 생기는 소리의 특수한 성질을 말해. 피아노와 기타로 같은 음을 내도 전혀 다른 소리로 느껴지지? 두 악기의 음색이 다르기 때문이야.

서로 다른 물질이 내는 소리는 이들 3요소 중에 어느 하나라도 달라. 따라서 소리의 3요소를 분석하면 어떤 소리인지 알 수 있지.

그러니까 잘 생각해 봐. 범인이 건 전화에는 범인의 목소리와는 다른 특성을 가진 소리가 섞여 있었어. 그래서 그 소리의 높낮이, 세기, 음색을 분석했지. 그리고 소리가 반사하는 성질을 이용해서 소영이가 갇힌 곳의 특징을 알아냈어. 이렇게 알아낸 사실을 바탕으로 소영이가 있는 곳을 찾아낼 수 있었던 거지. 어때, 이젠 알겠지?

■ 핵심 과학 원리 – 세포

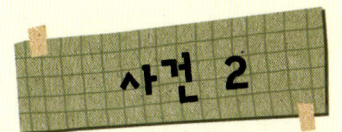

유명 가수 살인 사건

"주, 죽었어요. 파랑이, 가수 이파랑이 죽었어요."
"이파랑이요?"

이파랑. 청순한 이미지와 맑은 목소리로 인기 정상에 있는 톱 가수.
그녀가 죽다니, 어떻게 이런 끔찍한 일이 일어났단 말인가!

별장 살인 사건

"달곰아, 이거 가지고 가거라."

"아이 참, 또 도시락 싸셨어요? 새벽부터?"

"새벽은 무슨……. 늙은이는 잠이 없어서 새벽도 아니야. 가서 강 반장님이랑 이 형사님이랑 같이 먹어."

"힘드신데 왜 또……."

"힘 안 든다니까. 그래도 아직 할미가 기운 있어 네 도시락 싸 줄 수 있으니 좋지. 안 그래?"

달곰이는 콧등이 시큰해졌다. 서울에 올라갔다 가끔 내려와 보면 할머니는 부쩍 늙고 수척해진 모습이었고, 달곰이는 그때마다 마음이 아팠다. 어서 커서 할머니를 호강시켜 드리고 싶은데, 과연 할머니가 그때까지 건강하게 사실지……. 달곰이는 요즘 그게 가장 큰 걱정이었다.

할머니가 싸 준 도시락은 경찰서에서 인기 만점이었다. 강만수 반장과 이형진 형사가 어찌나 좋아하는지, 달곰이는 어깨가 으쓱해졌다.

달곰이가 지리산 경찰서에 있게 된 지 벌써 일주일. 한창 휴가철인지라 지리산 리조트와 별장에는 휴가객들이 몰려들어 시끌벅적했고, 경찰서에서는 혹시나 벌어질 지 모르는 사건에 대비하여 잔뜩 긴장한 채 하루하루를 보냈다. 다행히 일주일은 큰 사건 사고 없이 무사히 넘어갔다. 그런데 강 반장과 달곰이가 점심을 먹고 지리산 리조트를 한 바퀴 돌고 나오는 바로 그때였다.

"호랑이 1호, 호랑이 1호. 응답하라, 오버."

"호랑이 1호. 응답했다, 오버."

"지리산 별장 단지 3호에서 살인 사건 발생. 당장 출동하라, 오버."

이런, 살인 사건이라니! 유난히 조용했던 일주일이 마치 폭풍 전야였다는 듯 대형 사건이 터지고 만 것이다.

"지금 가겠다, 오버. 아이고~, 또 골치 아프게 생겼구먼."

"별장 단지라면 휴가객일 텐데……."

"그러게 말이야. 이 먼 곳까지, 그것도 놀러 와서 죽다니. 쯧쯧……."

별장 단지라면 현재 있는 리조트 주차장에서 5분 거리에 있다. 덕분에 강 반장과 달곰이는 제일 먼저 현장에 도착했다. 사건 현장 앞에 차를 세우는데, 문 앞에 서 있던 여자가 달려들며 울부짖었다.

"주, 죽었어요. 파랑이, 가수 이파랑이 죽었어요."

"이파랑이요?"

이파랑. 청순한 이미지와 맑은 목소리로 인기 정상에 있는 톱 가수. 그녀가 죽다니, 어떻게 이런 끔찍한 일이 일어났단 말인가!

 사건 현장을 조사하다

곧이어 다른 경찰들이 속속 도착하고, 달곰이는 강 반장과 함께 사건 현장을 살펴보기로 했다. 집 안으로 들어가니, 거실 소파에서 현관 쪽을 향해 시신 한 구가 피를 흘리며 쓰러져 있었다. 얼굴을 확인해 보니, 정말 이파랑. 급소를 칼에 찔린 후 피를 많이 흘려 사망한 것으로 보였다.

그리고 거실 탁자에는 빈 와인병 하나와 와인이 반쯤 남은 와인잔 하나가 있었다. 접시 옆에는 껍질을 반쯤 깎은 사과 한 개와 포크 한 개가 놓여 있었다.

> **피를 얼마나 흘리면 위험할까?**
>
> 피는 우리 몸을 흐르면서 온몸에 산소와 영양분을 전달하고 노폐물을 가져오며, 밖에서 들어온 병균을 없애는 중요한 역할을 해. 피는 전체 몸무게의 8% 정도를 차지하는데, 남성은 5~6L, 여성은 4~5L가 있지. 몸 전체의 혈액량 중 3분의 1 이상이 몸 밖으로 빠져나가면 생명이 위험해질 수 있고, 반 이상이 빠져나가면 사망에 이르게 되지.

"잔과 포크가 하나씩 있는 걸 보니 혼자 술을 마시고 있었나 봐요."

달곰이가 말하자 강 반장이 말을 이었다.

"그렇지. 와인병이 다 비어 있는 것으로 봐서는 술을 꽤 많이 마신 것 같군. 그것도 대낮부터……."

"그런데 과도가 없어요. 범인이 과도로 범행을 저지른 후에 가져간 모양인데요."

"그래. 찔린 부위의 길이를 보니, 과도인 것 같군."

"그럼 자살은 아닌 것 같아요. 자살이라면 과도가 그냥 있었겠죠?"

유명 가수 살인 사건

"그렇지. 그리고 처음부터 계획된 살인도 아니라고 할 수 있겠지. 만약 그랬다면 범행에 쓸 도구를 가져왔을 확률이 높으니까."

달곰이가 시신 쪽을 가리키며 말했다.

"혈흔이 길게 끌린 것으로 봐서는 피해자가 찔린 후에 현관 쪽으로 이동한 것 같은데요."

혈흔은 혈액의 흔적, 즉 핏자국을 말한다. 사건 현장에서 혈흔은 아주 중요한 단서가 된다. 그 모양과 방향을 보고 피해자나 범인의 움직임을 파악할 수도 있고, 범행에 쓰인 도구가 무엇인지도 밝혀낼 수 있기 때문이다. 강 반장이 흡족해하며 말했다.

"그래. 정확히 알고 있군. 혈흔 중에 범인의 피가 섞여 있을 수 있으니까 피를 채취해서 유전자 검사부터 해 보자고."

"네."

> **우리 몸에서 범죄 단서로 삼을 수 있는 것은?**
>
> 피는 물론 타액(침), 머리카락, 뼈, 치아, 심지어는 소변, 대변도 범인을 찾아내는 데 중요한 단서가 돼. 이렇게 우리 몸에서 나온 물질에는 입안이나 장 등에 있던 체세포가 있기 때문에 혈액형과 유전자 분석을 할 수 있어. 특히 피와 타액은 채취가 쉽고 아주 적은 양만 있어도 분석이 가능하기 때문에 널리 이용되고 있지.

시신을 살펴본 달곰이는 바깥으로 난 창문을 쭉 둘러보았다. 창문에 쌓인 먼지가 그대로 있는 것을 보니, 창문으로 침입한 것은 아니다. 창문으로 들어왔으면 먼지가 지워지면서 자국이 남았을 것이기 때문이다.

그럼 현관문으로 들어왔다는 얘긴데……. 달곰이가 살펴보니, 현관문은 비밀번호를 눌러서 열게 되어 있었다. 문을 부수고 들어온 흔적도 없으니, 범인은 비밀번호를 아는 사람이거나 이파랑이 직접 문을 열어 줄 정도로 잘 아는 사람이라고 할 수 있다. 그래서 달곰이는 일단 현관문 손잡이와 벨, 그리고 비밀번호 판에 남아 있는 지문을 채취하였다.

용의자는 누구인가?

"처음 목격하셨을 때의 상황부터 자세히 말씀해 주시죠."

처음 목격해 신고한 송민희에 대한 조사가 시작되었다. 송민희는 이파랑의 옷과 액세서리의 스타일을 책임지는 코디네이터였다고 한다.

"파랑이를 만나러 내려왔는데요. 벨을 눌러도 아무 인기척이 없더라고요. 그래서 기다릴까 하다가 혹시나 하고 현관문을 열어 봤더니, 열려 있는 거예요. 그래서 들어갔는데 파랑이가, 흑흑흑……."

"이파랑 씨와는 친하셨나요?"

"네. 파랑이 데뷔 때부터 같이 일했으니까 엄청 친했죠. 매일 같이 살다시피 했으니까요."

"그럼 이파랑 씨를 마지막으로 본 건 언제였죠?"

"두 달 전이요."

"두 달 전이요? 매일 같이 살다시피 했다면서요."

"그, 그게……. 제가 두 달 동안 일본 여행을 다녀왔거든요. 오늘 공항에 도착해 바로 파랑이 보려고 내려온 건데……."

"그럼 이파랑 씨는 송민희 씨가 내려오는 걸 알고 있었나요?"

"네. 서울에서 전화를 하고 왔어요."

"그렇다면 이상하군요. 친구가 오기로 했으면 같이 술을 마셔야 하는 것 아닌가요? 왜 먼저 술을 마시고 있었을까요? 이파랑 씨가 평소에도 술을 자주 했나요?"

"아니요. 가끔 같이 마시기는 했지만 그때도 한두 잔 정도?"

"그래요? 그런데 대낮부터 술 한 병을 혼자 다 마셨다? 뭔가 큰 고민이 있었나요?"

"그건 잘 모르겠어요. 제가 여행 가기 전까지는 별일 없었는데……."

곧이어 이파랑의 매니저 최팔달이 소식을 듣고 서울에서 급히 왔다.

"보통 매니저가 함께 있는 거 아닌가요? 왜 이파랑 씨 혼자 있었죠?"

강 반장이 묻자 최팔달은 아주 곤혹스러운 표정으로 대답했다.

"지금은 활동을 쉬고 있는 때라……. 제가 파랑이 매니저만 하고 있는 게 아니라서요."

"그럼 이파랑 씨는 언제부터 여기 있었나요?"

"2주 전부터요."

"혼자서요?"

"네. 다음 달부터 3집 녹음 시작해야 하니까 그전에 푹 쉬고 싶다고 해서 혼자 내려와 있었습니다. 제가 데려다 주고 지난주에 한 번, 3일 전에도 한 번 왔다 갔습니다."

"혹시 이파랑 씨가 별장에서 다른 사람과 함께 있었습니까?"

"아니요. 그건 아닐 겁니다. 서울에 있을 때에도 친구 만나는 일이 거의 없었는데, 여기까지 누굴 부르거나 하진 않았을 거예요."

"처음 발견한 송민희 씨와는 친한 친구라고 하던데요."

"네. 파랑이 데뷔 때부터 같이 했으니까요. 그런데……."

갑자기 송민희에 대한 얘기가 나오자 최팔달은 낯빛이 어두워지더니 뭔가 할 말이 있는 듯했다.

"왜요? 무슨 일 있었습니까?"

"사실 민희 씨와는 두 달 전에 결별한 상태입니다. 3집 앨범에서는 지금까지의 이미지에서 벗어나 새로운 이미지를 선보일 생각이었거든요. 그 일로 둘이 많이 다투었습니다."

"두 달 전이라면! 송민희 씨가 여행을 떠난 게 그 때문이었나요?"

"네."

참 이상한 일이 아닌가. 두 달 전 결별하고 사이가 나빠진 친구를 여행에서 돌아온 후 바로 찾아왔다? 그리고 그 시간 친구는 숨져 있었다?

잠시 후, 과학 수사대에서 이파랑의 부검 결과가 나왔다. 사망 시간은 송민희가 발견하기 1시간 전쯤. 혈중 알코올 농도가 꽤 높은 것으로 봐서 예상대로 현장에 있던 와인을 혼자 다 마신 것이 확실했다. 또, 몸 여기저기에 약한 멍이 들어 있는데, 범인과 몸싸움을 하다가 입은 타박상 같다고 한다. 게다가 지문 검식 결과를 보니, 비밀번호 판에서는 이파랑의 지문만 나왔고, 현관문 손잡이와 벨에서는 송민희의 지문만 나왔다고 한다. 가만, 그렇다면 처음 발견해 신고한 송민희가 범인이란 말인가?

 용의자는 송민희?

"송민희 씨, 당신은 여행을 떠나기 전 코디네이터 교체 문제로 이파랑 씨와 크게 다퉜는데 여행에서 돌아오자마자 이파랑 씨를 보러 왔습니다. 그 한 시간 전에 이파랑 씨가 죽었죠. 좀 이상하지 않습니까?"

강 반장의 날카로운 질문에 송민희는 사색이 되더니 떨리는 목소리로 말하기 시작했다.

"마, 말도 안 돼요. 제가 어떻게 파랑이를……. 솔직히 절 자르겠다고 했을 때에는 정말 화가 났어요. 5년이나 함께 했는데, 어떻게 하루아침에 그럴 수 있나 해서요. 회사 측에서 그러더라도 파랑이가 안 된다고 해 줄지 알았죠. 그런데도 파랑이는 아무 말 없이 회사의 결정에 따랐어요. 전 그게 너무 서운했어요. 그래서 크게 싸웠는데, 그러고 나니 모든 게 싫어지더라고요. 그래서 훌쩍 여행을 떠난 거예요."

"그런데 왜 돌아오자마자 이파랑 씨를 찾아왔죠?"

"두 달 동안 떨어져 있으면서 많이 생각했어요. 처음엔 그냥 서운하고 배신감마저 들었는데, 생각해 보니까 제가 우물 안 개구리였다는 생각이 들었어요. 저랑 같이 시작한 코디들은 여러 가수들을 담당하면서 연예계에 인맥도 많이 쌓고, 그래서 유명해진 사람들도 많은데, 저는 그동안 너무 안일하게 살아왔던 거죠. 그래서 다시 시작하기로 결심했더니 갑자기 파랑이가 보고 싶더라고요. 그래도 친구라고……. 그래서 도착하자마자 내려왔는데, 그렇게 끔찍하게……. 흑흑흑……."

"상황은 충분히 이해가 가지만, 현재로서는 송민희 씨가 아주 불리합니다. 현관문 손잡이와 벨에서도 송민희 씨의 지문만 나왔어요."

"말도 안 돼요. 전 정말 아니에요. 믿어 주세요."

달곰이는 마음이 착잡해졌다. 범행을 저지를 사람 같아 보이지 않았지만 그렇다고 범인이 아니라는 증거도 없었다. 그런데 그 순간, 달곰이는 뭔가 이상하다는 생각이 들었다. 왜 이파랑의 지문은 번호판에서만 나왔을까? 비밀번호를 누른 후 문을 열려면 손잡이를 잡아야만 한다. 이파랑이 왔다 갔다 하면서 몇 번은 현관문 손잡이를 만졌을 텐데, 벨은 그렇다 치고 손잡이에서도 송민희의 지문만 나왔다? 그렇다면 혹시?

"범인이 도망가기 전에 손잡이와 벨의 지문을 닦은 게 아닐까요? 그러다 보니, 이전에 손잡이에 남아 있던 피해자의 지문까지 없애고 만 거죠. 그래서 그 후 송민희 씨가 와서 벨을 누르고 현관문을 열면서 생긴 지문만 남아 있던 거예요."

달곰이의 추리에 강 반장은 고개를 끄덕이며 말했다.

"음……. 그래! 그럴 수도 있겠군. 하지만 현재까지 가장 유력한 용의자는 송민희야. 이 형사, 일단 송민희의 알리바이를 조사해 봐."

"네. 그런데 혹시 주변 불량배나 휴가객의 짓은 아닐까요? 2주 전부터 내려와 있었다니까 팬이라고 접근해 범행을 했을 수도 있잖아요."

"좋아. 그럼 이 형사가 주변 불량배나 휴가객 중에 수상한 사람이 있는지도 같이 알아봐."

이파랑의 애인, 김민석

'이파랑, 지리산 별장에서 살해되다!'

다음 날 아침, 이파랑 살인 사건 기사가 모든 신문의 1면을 대문짝만 하게 장식하고, 인터넷도 온통 이파랑에 관한 기사로 도배를 했다. 네티즌들은 저마다 추모의 글을 올리며 하루빨리 무자비한 범인을 잡아야 한다며 언성을 높였다. 또 경찰서와 사건이 난 별장은 온통 기자들과 구경꾼들로 아수라장이었다. 상황이 이렇다 보니, 모두 초긴장 상태가 되었다.

그러나 아쉽게도 송민희의 알리바이도, 송민희가 범인이라는 결정적인 단서도, 다른 용의자에 대한 실마리도 발견되지 않은 채 그날 밤은 깊어만 갔다. 게다가 달곰이가 채취한 혈액 검사 결과도 그 속에서는 이파랑의 유전자만 나왔다고 하니, 수사는 제자리를 맴돌 뿐이었다.

그러다 보니, 밤 열한 시가 넘었는데도 달곰이는 이런저런 생각에 잠이 오지 않았다. 그래서 컴퓨터로 이파랑 관련 기사들을 살펴보고 있는데, 요리와 영재가 메신저로 들어왔다. 먼저 요리가 달곰이에게 물었다.

'달곰아, 너희 경찰서에서 이파랑 살인 사건 담당하고 있지?'

'어, 내가 처음 도착해서 조사했어.'

'어때? 용의자는 누구야?'

'처음 발견해 신고한 코디네이터를 의심하고 있는데, 물증이 없어.'

'그럼 너 혹시 이파랑에게 애인이 있었다는 거, 알아?'

'애인? 정말이야? 코디랑 매니저는 아무 말 안 하던데.'

'지금은 헤어진 상태야. 석 달쯤 전에.'

그러자 영재가 물었다.

'그게 누군데?'

'탤런트 김민석!'

뭐, 김민석? 김민석이라면 우리나라뿐 아니라 아시아에서도 최고의 한류 스타인 톱 스타. 그 김민석이 이파랑과 애인 사이였다고?

'내 친구 중에 김민석 열혈 팬이 있거든. 팬 몇 명만 알고 있었나 봐.'

'그럼 이파랑 홈페이지에 증거가 있겠네. 들어가 볼게.'

영재가 말했다. 늦은 시간이었지만 사안이 시급한 만큼 박 교장의 허락을 받아 이파랑 개인 홈페이지의 암호를 풀고 들어갔다. 그런데 정말 요리의 말이 맞았다. 사진첩에는 이파랑과 김민석이 함께 찍은 사진이 가득 있었다. 그리고 8월 2일, 마지막으로 써 놓은 듯한 글이 있었다.

'자꾸 눈물이 난다. 이대로는 헤어질 수 없다. 아직 그를 사랑하니까.'

아마 이파랑은 김민석과 헤어지고도 그를 못 잊어 힘들어한 것 같았다. 그렇다면 혹시 그 슬픔을 이기지 못하고 자살한 것일까? 아니지! 그렇다면 과도가 없어졌을 리가 없지.

달곰이가 막 그런 생각을 하고 있는데 이번에는 혜성이가 메신저로 들어왔다. 그리고 이제껏 밝혀낸 내용을 듣더니, 한술 더 떴다.

'김민석 결혼한다는데. 아직 발표 안 했는데, 다음 달 10일이래. 모 그룹 회장 딸이라는데!'

'좋아! 그럼 김민석에 대해서 좀 더 자세히 알아보자.'

요리의 제안에 모두 동의했다. 그리고 달곰이는 내일 아침 송민희와 최팔달에게 김민석에 대해 물어보기로 했다.

용의자는 김민석?

"민석 씨와 헤어지고 나서 처음엔 파랑이가 많이 힘들어했어요. 몇 번 전화를 했는데 안 받는다며 울었던 적도 있고요. 하지만 두 달 전부터 못 봐서 그냥 정리했을 거라고 생각했어요."

송민희의 말에 최팔달도 동의했다.

"헤어진 후 힘들어하긴 했지만 만난 적은 없었습니다. 그리고 민석 씨, 한 달 전까지는 우리 회사 사람이었습니다. 지금은 소속사를 바꾸긴 했지만, 절대 그럴 사람 아닙니다. 아무런 증거도 없는데 톱 스타의 이름을 들먹일 필요는 없죠. 게다가 다음 달이면 결혼하는데……."

둘 다 그럴 듯한 말이었다. 그렇다면 김민석을 만나 볼 수밖에! 강 반장이 달곰이에게 말했다.

"나는 이 형사랑 여기서 송민희의 알리바이랑 다른 용의자를 더 찾아볼게.

달곰이 네가 올라가서 김민석을 만나 봐라."

"네. 교장 선생님이랑 어 형사님이 도와주신다고 했어요. 그리고 CSI 친구들도 있으니까 걱정 마세요."

"그래. 김민석한테 혐의점이 발견되면 나도 곧바로 올라갈 테니까, 한번 잘해 보거라."

그렇게 해서 달곰이는 서울로 급히 올라와 어 형사와 함께 김민석의 소속사 사무실에서 김민석을 만났다. 그런데 역시 톱 스타는 톱 스타였다. 김민석이 사무실에 들어서는 순간 온몸에서 광채가 나는 것이, 큰 키하며 잘생긴 이목구비, 그리고 세련된 옷차림까지! 천하에 무서울 것 없는 우리의 어 형사도 괜히 주눅이 들었는지 더듬거리기 시작했다.

"아, 안녕하십니까? 이거 여, 영광입니다."

"아, 예. 안녕하십니까?"

"제, 제가 팬이걸랑요, 하하. 뭐 좋은 일은 아니지만 그래도 만나 뵙게 되어 기쁩니다."

이런! 어느새 형사의 본분을 까맣게 잊고 팬의 본분만을 충실히 수행하고 있는 우리의 어 형사. 하지만 달곰이는 그럴 수 없었다.

"가장 최근에 이파랑 씨를 만난 것은 언제였나요?"

달곰이의 질문에 김민석은 어린 형사가 신기한 듯이 커다란 눈을 굴리며 진지한 표정으로 대답했다.

"헤어진 다음에 몇 번 전화가 온 적은 있지만 만난 적은 없어."

그러자 그제야 우리의 어 형사, 제법 형사다운 질문을 시작했다.

"이건 의례적인 질문인데, 3일 오전부터 오후까지는 뭘 하셨죠?"

"집에 있었습니다. 요즘 쉬는 때라……. 사무실에 확인해 보십시오."

"아, 예. 그러죠."

"그런데 한 가지 부탁드릴 것이 있습니다. 아실 지 모르지만 제가 다음 달에 결혼을 합니다. 파랑이랑 제가 사귀었다는 것이 외부에 알려지면 굉장히 곤란합니다."

"물론입니다. 절대 비밀을 지키겠습니다. 그 점은 걱정 마십시오."

김민석에게는 아무런 혐의점도 발견할 수가 없었다. 그렇다면 도대체 누구일까? 정말 송민희? 아니면 우연히 들어온 강도?

그때였다. 달곰이의 눈에 번쩍 띄는 것이 있었으니, 김민석의 목에 나 있는 상처였다. 거의 아문 듯했지만 날카로운 것에 긁힌 것으로 보였다.

'가만, 손톱! 피해자는 몸싸움을 한 것 같다고 했지? 그렇다면!'

달곰이는 대수롭지 않은 듯이 김민석에게 물었다.

"목에 난 상처는 왜 그러신 거예요?"

"아, 이거? 이건……. 강아지가 할퀸 거야. 치와와를 한 마리 키우고 있거든. 츄츄라고……."

"아, 예. 츄츄……."

하지만 달곰이는 의심이 들었다. 저 상처가 이파랑과 몸싸움을 하다가 이파랑의 손톱에 긁힌 상처라면? 그래, 손톱 밑을 검사해 보는 거야!

손톱 밑에서 찾아라!

"손톱 밑을 검사해 보자고?"

"네. 피해자의 몸에 난 멍으로 봐서 피해자는 범인과 몸싸움을 한 것 같다고 했잖아요? 그러니까 범인과 몸싸움을 하는 도중에 손톱으로 할퀴거나 해서 범인의 몸에 상처가 남았을 수도 있죠."

"그럼 아까 김민석의 목에 난 상처가 바로 그 상처다?"

어 형사가 물었다.

"그건 확신할 수 없지만……. 우리 몸은 세포로 이루어져 있잖아요.

우리 몸 가장 바깥쪽의 피부도 마찬가지죠. 그러니까 이파랑이 범인을 손톱으로 할퀴었다면 손톱 밑에 범인의 체세포가 남을 수 있죠."

"그럼 그걸 조사해서 범인을 찾아내자는 거군!"

"네. 모든 세포에는 핵이 있고, 핵에는 유전 정보를 담은 유전자가 있잖아요. 그리고 유전자는 사람마다 다 다르죠. 그러니까 세포의 유전자를 분석하면 범인이 누구인지 알 수 있지 않을까요?"

"그렇지. 만약 손톱 밑에서 나온 세포의 유전자가 이파랑의 것이 아니라면 범인의 것일 확률이 높겠군."

가만히 듣고만 있던 박 교장이 고개를 끄덕이며 말했다. 그러고는 명령을 내렸다.

"그럼 일단 부검실에 연락해서 손톱 밑에 체세포 남아 있나 확인하고, 있으면 유전자 검사 의뢰해."

그리고 반나절이 지난 후, 달곰이의 추리대로 부검실에서는 이파랑의 손톱 밑에서 체세포를 찾아냈고, 그 체세포의 유전자를 분석한 결과 이파랑의 것과는 달랐다. 그렇다면 이 체세포의 주인이 범인일 가능성이 높다. 일단 송민희와 김민석의 유전자 검사를 하기로 했다. 그러나 순순히 응하는 송민희와는 달리 김민석은 완강히 거부하는 것이 아닌가.

"내 목에 난 상처 하나로 내가 범인이라고 할 수 있나요? 그날 나는 그 근처에도 가지 않았습니다. 확실한 증거를 대십시오. 그렇지 않으면 절대 검사에 응할 수 없고, 계속 이렇게 말도 안 되는 요구를 할 경우에는 명예 훼손으로 고소하겠습니다."

일리가 있는 말이니, 결국 필요한 건 보다 확실한 증거이다.

게다가 강 반장에게서 연락이 왔는데, 송민희를 별장까지 태워 준 택시 기사를 찾았다고 한다. 그의 말에 따르면 송민희가 12시 30분에 택시를 타서 1시쯤 별장에 도착했다고 하니, 알리바이가 증명된 셈이다.

더구나 송민희의 유전자 검사 결과 또한 이파랑의 손톱 밑에서 발견된 체세포의 유전자와는 전혀 일치하시 않는다는 결과가 나왔으니, 이제 그녀는 용의 선상에서 완전히 벗어났다. 그렇다면 남은 용의자는 김민석뿐인데, 계속 검사를 완강히 거부하고 있으니 어찌한단 말인가.

바로 그때였다. 전화벨이 울리더니, 요리의 다급한 목소리가 들렸다.

"달곰아, 지금 네 메일로 사진 한 장 보냈거든. 얼른 열어 봐."

달곰이가 얼른 메일을 열어 사진을 보니, 사진 속의 장소는 눈에 익은 지리산 리조트 주차장. 그리고 차에서 내린 사람은, 바로 김민석이었다.

"김민석의 팬이 사건 전날 밤에 찍은 거라고 팬 카페에 올린 거야. 맞지, 김민석?"

"맞아. 고마워, 누나! 이제 됐어!"

달곰이는 뛸 듯이 기뻤다. 이 사진을 내밀면 김민석은 어쩔 수 없이 유전자 검사에 응할 것이기 때문이다. 달곰이의 예상은 적중했다. 김민석은 사진을 보더니 엄청나게 당황하며 말했다.

"그래요. 지리산 리조트에 간 건 맞습니다. 하지만 거기 별장에 파랑이가 내려와 있었던 건 정말 몰랐습니다. 정말입니다."

"무죄를 증명하려면 유전자 검사를 해야 합니다. 협조해 주시죠."

결국 김민석은 유전자 검사에 동의할 수밖에 없었고, 드디어 김민석의 머리카락과 입안의 세포를 채취해 유전자 검사를 하게 되었다.

다음 날, 기다리고 기다리던 결과가 나왔는데, 이게 어찌 된 일인가. 이파랑의 손톱에서 나온 체세포의 유전자와 전혀 일치하지 않는다는 결과였다. 김민석의 혐의점을 찾았다는 보고를 받고 곧바로 올라온 강 반장이나 어 형사와 박 교장, 그리고 달곰이까지 모두가 낙심천만이었다.

유명 가수 살인 사건

그렇다면 왜 김민석은 유전자 검사를 극구 거부했을까?

"그게…… 그럴 만하더라고요."

어 형사의 말에 모두 귀가 솔깃해졌다.

"머리카락에서 마약 성분이 나왔어요."

"마약이요?"

달곰이가 놀라 물었다.

"그래. 김민석은 지리산 리조트에서 마약을 했던 거야. 그래서 유전자 검사를 하면 밝혀질까 두려웠던 거지."

이런, 마약이라니! 정말 생각지도 못한 결과였다.

> **머리카락에서 알 수 있는 것은?**
>
> 머리카락은 크게 모구, 모근, 모간으로 나뉘어. 뿌리 부분인 모구와 모근에는 DNA가 있어서 사람의 유전 정보를 알려 주지. 모간은 겉에 보이는 부분인데, 세포가 죽어서 생긴 단백질 덩어리야. 모간에는 세포가 살아 있을 당시에 머리카락에 전달된 물질이 그대로 담겨 있어. 그래서 마약을 했는지의 여부나 그 시기, 어떤 환경에서 살았는지 등을 알 수 있지. 그 밖에 언제 퍼머를 했거나 염색을 했는지도 알 수 있어.

 ## 매니저를 찾아라!

김민석은 곧바로 마약 사범으로 체포되었다. 그런데 그가 혐의를 자백하는 과정에서 뜻밖의 이야기가 나왔다.

"제 매니저 식중이가 없어졌습니다."

"매니저가요?"

"네. 사건이 일어난 날, 오후 3시쯤 정신을 차려 보니 매니저가 없어졌더라고요. 잠깐 어디 갔나 싶어 기다렸는데, 컴컴해질 때까지 전화도 안 받고 나타나지 않았어요. 그런데 텔레비전을 보니, 파랑이가 죽었다고 난리가 났더라고요. 괜히 오해받을까 겁나서 혼자라도 올라오려고 주차장에 갔더니 차도 없어진 거예요. 그러고는 지금까지 연락이 없어요."

"그런데 왜 이제까지 아무 말도 하지 않았습니까?"

"마약을 한 게 들통날까 봐……. 죄송합니다. 정말 죄송합니다."

강 반장과 어 형사는 전국에 수배령을 내리고 김민석의 매니저인 이석중을 찾기 시작했다. 세 시간 후, 없어진 김민석의 차를 부산의 한 아파트 주차장에서 발견했다는 연락이 왔다. 알고 보니, 그 아파트에 이석중의 누나가 살고 있었던 것이다. 그리고 마침내 누나의 집에 숨어 있던 이석중을 체포했다.

"전 아니에요. 죽이지 않았어요. 정말이에요."

이석중은 몸부림을 치며 자신의 혐의를 부인했다. 그러나 차 트렁크에서 범행에 사용한 것으로 보이는 과도가 나오고 팔에서 손톱에 긁힌 자국을 찾아내자, 이석중은 순순히 체포에 응할 수밖에 없었다. 게다가 유전자 검사도 이파랑의 손톱 밑 체세포에서 발견된 유전자와 동일하다는 결과가 나오면서, 결국 이석중이 범인임이 명백히 밝혀졌다.

"한 달 전부터 민석이 형이랑 통화가 안 된다면서 저한테 자꾸 전화를 하더라고요. 전화 좀 바꿔 달라고요. 안 된다고 했더니, 민석이 형이랑 자기와의 관계를 언론에 폭로하겠다고 협박을 하는 거예요."

"그런데 왜 나한테는 말 안 했어?"

김민석이 소리를 질렀다.

"형이 신경 쓰게 하고 싶지 않았어요. 솔직히 민석이 형 일 맡은 건 처음이라 잘 해결하고 싶었어요. 그래서 인정받고 싶었는데……."

"그렇다고 사람을 죽여요?"

어 형사가 물었다.

"아니에요. 죽이려고 한 게 아니었어요. 만나서 설득해야겠다고 생각했는데, 마침 전화가 왔더라고요. 어디냐고 물었더니, 지리산 별장이라고……. 그래서 만나러 간 거예요. 형이 잠든 사이에 갔는데……."

"갔는데?"

"술이 많이 취했더라고요. 제가 들어가자마자 민석이 형 데려오라고 막 소리를 지르더니, 갑자기 칼을 들고 달려드는 거예요. 그래서 말리다가 그만 저도 모르게……. 이건 분명히 정당방위예요. 어쩔 수가 없었어요. 너무나 무섭게 달려드는 바람에……. 흑흑흑."

결국 이 사건은 이파랑이 술에 취해 휘두른 칼을 이석중이 막다가 벌어진 일이라고 결론이 났다.

"우리 달곰이, 정말 대단하더라고요. 저보다 잘하던데요."

강 반장의 칭찬에 달곰이는 괜히 쑥스러웠다. 좀처럼 풀리지 않아 속도 많이 상했고, 걱정도 많이 한 사건. 그러나 어렵게 해결한 만큼 달곰이에게는 오래도록 잊지 못할 사건이 될 것이다.

달콤이가 들려주는
사건 해결의 열쇠

'유명 가수 살인 사건'을 해결한 사건 해결의 열쇠는 세포와 유전자에 대해서 잘 아는 거야. 우리가 엄마, 아빠와 닮은 이유는 엄마, 아빠의 유전자를 물려받았기 때문인데, 그 유전자는 세포 안에 들어 있지.

💡 우리 몸은 무엇으로 이루어졌을까?

우리 몸은 여러 기관으로 이루어져 있어. 뼈와 근육은 몸을 지탱하고 몸속 기관들을 보호해 줘. 코와 폐 등의 호흡 기관은 산소를 흡수하고 몸에서 만들어진 이산화탄소를 내보내. 심장과 혈관 등의 순환 기관은 피가 온몸을 돌게 하지. 또, 위와 창자 등의 소화 기관은 음식물을 소화해서 양분을 흡수해. 신장과 방광 등의 배설 기관은 몸속에서 생긴 찌꺼기를 몸 밖으로 내

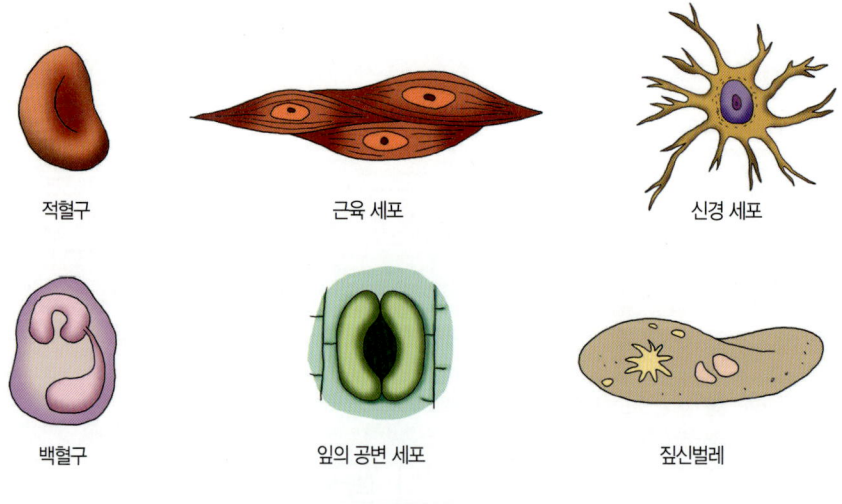

〈여러 가지 세포〉

보내지. 눈과 귀 등의 감각 기관은 여러 가지 자극에 반응하도록 해 줘.

모든 기관들의 기본 단위는 '세포'야. 짚신벌레나 아메바처럼 하나의 세포로 이루어진 생물도 있지만, 거의 모든 생물은 많은 세포로 이루어져 있어. 세포의 평균 크기는 0.025mm로 눈으로는 볼 수 없을 정도로 작고, 우리 몸에는 무려 200종이 넘는 세포가 60조~100조 개 있다니 대단하지?

그리고 세포마다 그 모양과 크기, 하는 일이 저마다 조금씩 달라. 신경 세포는 정보를 주고받을 수 있도록 가지가 많이 있고, 근육 세포는 늘거나 줄기 좋도록 길고 가늘지. 식물의 잎에 있는 공변 세포는 몸의 수분을 밖으로 내보낼 수 있도록 구멍이 뚫려 있어. 같은 세포끼리 모여서 심장, 근육, 뼈 같은 기관을 만들고 그 기관들이 모여서 우리 몸을 이루지.

세포의 구조

그렇다면 세포는 어떻게 생겼을까? 세포마다 생긴 모양이 다르지만 대부분의 세포는 비슷한 구조로 되어 있어.

먼저 세포를 둘러싸서 보호하는 막인 '세포막'이 있고, 세포 안을 채우고 있는 균일하고 투명한 젤리 형태의 물질인 '세포질', 영양소를 태워 에너지를 만드는 '미토콘드리아'가 있지. 그리고 동그란 모양의 '핵'이 있는데, 그 속에는 '염색체'라는 것이 들어 있어. 염색체는 그 속에 유전에 대한 정보가 들어 있기 때문에 세포에서 가장 중요한 부분이야. 그 밖에 세포가 만드는 물질들을 저장하는 '골지체', 단백질을 만드는 '리보솜', 단백질을 저장하는 '소포체' 등이 있어.

그런데 동물 세포와 식물 세포는 구조가 조금 달라. 햇빛을 받아 광합성을 해서 양분을 만드는 '엽록체'와 세포 모양을 일정하게 지탱하는 '세포벽', 세포에서 쓰고 난 찌꺼기를 모으는 '액포'는 식물 세포에만 들어 있어. 세포가 분열할 때 중요한 역할을 하는 '중심체'와 불필요한 물질들을 분해하는 '리소좀'은 동물 세포에만 들어 있지.

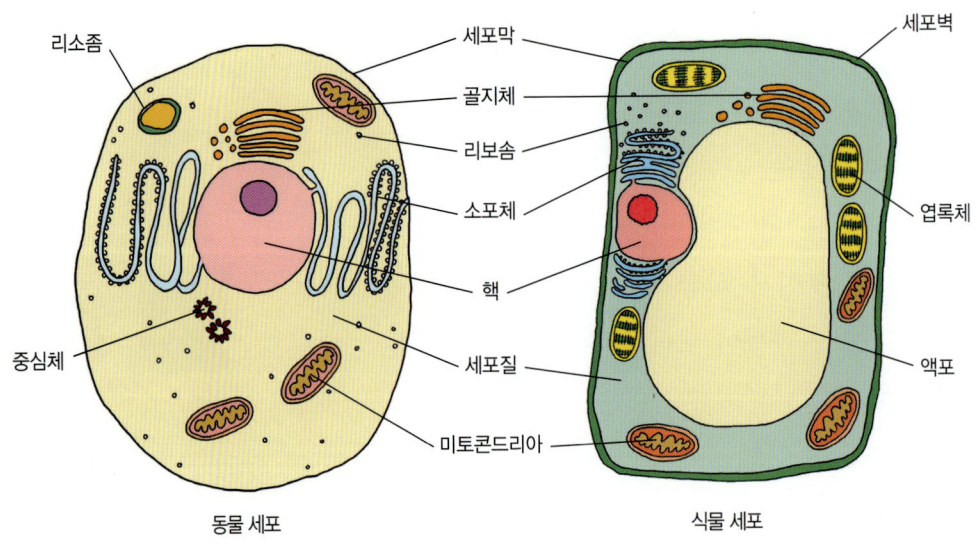

〈세포의 구조〉

💡 DNA와 유전자 분석

가끔 어른들이 말씀하시지? 아빠나 엄마랑 붕어빵이라고. 바로 아빠나 엄마와 꼭 닮았다는 얘기인데, 그건 바로 부모의 생김새나 특징이 자식들에게 그대로 '유전'되기 때문이야.

세포의 핵 안에는 염색체가 있고 그 속에는 'DNA'라는 꼬인 사다리 모양의 물질이 들어 있는데, 이 DNA에 모든 유전 정보가 담겨 있어. 그러니까

〈DNA의 생김새〉

우리 몸을 이루고 있는 60조~100조 개의 세포에는 모두 염색체를 포함하는 핵이 있고, 그 안에 유전 정보를 담고 있는 DNA가 있다는 거지.

그래서 우리 몸에서 아주 적은 양의 세포가 떨어져 나와도 이를 분석해 이 세포가 누구의 것인지 알아낼 수 있는데, 이것이 바로 'DNA를 이용한 유전자 분석법'이야. 피, 침, 머리카락 등에서 체세포를 채취한 후 DNA를 분리하고 이를 비교, 분석하는 과정을 거치지. 최근의 과학 수사에서 범인을 찾아내는 결정적인 단서로 많이 이용되고 있어.

그러니까 잘 생각해 봐. 피해자의 손톱 밑에 남아 있던 체세포의 유전자가 피해자의 것이 아니라면 범인의 것일 확률이 높지. 그러므로 용의자들의 머리카락이나 피에서 체세포를 채취하고 유전자를 분석, 비교해서 누가 범인인지 알아낼 수 있었던 거야. 어때, 이젠 알겠지?

■ 핵심 과학 원리 – 구름과 바람

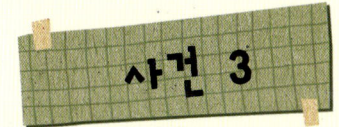

누가 스파이 일까?

"혹시 컴퓨터에 저장된 파일 중에 중요한 게 있나요?
누군가 복사해 간 거 같은데!"
혜성이의 말이 끝나기가 무섭게 김인국은 다리에 힘이 풀린 듯이
풀썩 주저앉고 말았다.

일요일, 절도 사건 발생

교통과에 배치된 지 벌써 일주일. 처음에 혜성이는 일이 영 마음에 들지 않아 속상했다. 하지만 마음을 고쳐먹고 열심히 해 봐야지 하니 나름 재미있었다. 그래서 혜성이는 일요일인데도 집에 행사가 있는 이 순경 대신 오전 당직을 맡아 김 순경과 함께 순찰을 했다.

"푹푹 찌는 한여름에, 그것도 휴일에 이게 뭐냐! 뺑뺑이나 돌고……."

'뺑뺑이'란 김 순경이 순찰 도는 것을 빗대어 하는 말이다. 정말 올해는 유난히 덥다더니, 아직 오전인데도 푹푹 찌는 것이 오늘 하루도 땀깨나 흘릴 것 같았다. 이럴 때 시원한 소나기라도 내려 주면 좋으련만…….

혜성이가 막 그런 생각을 하며 관내 중앙 아파트 앞길을 지날 때였다. 갑자기 한 아주머니가 차를 세우라는 듯이 손을 흔들며 다가왔다. 그러고는 김 순경이 차창을 내리자 말했다.

"바쁘신데 죄송해요. 저기가 제 자리인데, 누가 차를 댔어요. 휴대 전화 좀 빌릴 수 있을까요? 제가 깜박 잊고 안 가지고 나와서……."

'거주자 우선 주차 구역'에 다른 사람이 차를 대어 놓았다는 얘기.

"아, 예. 제 거 쓰세요."

혜성이는 얼른 휴대 전화를 내밀었다.

"그래, 고맙다."

아주머니는 차 앞으로 가더니 전화번호를 보고 전화를 걸었다. 흰색 솔로몬, 5678. 뭐가 그리 바빴는지 차는 주차선 안에 구겨 넣은 것처럼 삐뚤게 대어져 있었다. 잠시 후, 아주머니가 휴대 전화를 가지고 왔다.

"빼 준대요?"

김 순경이 묻자, 아주머니는 웃으며 말했다.

"네. 금방 나온대요. 감사합니다. 고맙다, 꼬마 순경!"

'꼬마 순경! 이런, 지금 내가 경찰 놀이나 하고 있는 줄 아시나 보네!'

김 순경이 푹 하고 웃음을 터뜨렸다. 으, 창피! 나혜성, 아침부터 스타일 완전 구기는구나! 여하튼 아침 순찰을 마치고 경찰서로 돌아온 혜성이는 해야 할 일도 끝났겠다, 심심하던 차에 강력반에 슬쩍 들렀다. 아무래도 형사 사건에 관심이 가는 건 어쩔 수 없는 본능 아니겠는가.

"김 반장님, 안녕하세요?"

다행히 강력반 김경철 반장이 나와 있었다.

"어, 혜성이구나! 오늘 당직이야?"

"네. 이 순경님 일 있다고 해서 바꿨어요."

사실 김 반장은 혜성이를 강력반으로 데려오고 싶었다. 같은 동네에 살며 혜성이의 영특함을 익히 알고 있는 데다가 '어린이 과학 형사대'로 이름을 날리고 있으니 어찌 욕심이 나지 않겠는가! 그러나 말도 꺼내기 전에 경찰서장이 '교통과'로 발령을 내는 바람에, 바꿔 달라고 말도 못하고 아쉬워할 수밖에 없었는데……. 바로 그때였다.

"절도 사건 발생, 절도 사건 발생."

절도 사건? 일요일, 그것도 대낮에? 혜성이는 이상하다는 생각이 들었다. 김 반장이 출동할 채비를 했다.

"휴! 도둑들은 휴일도 없나?"

순간, 혜성이는 이때다 싶었다.

"반장님, 저도 가면 안 될까요? 오늘 할 일은 다 했거든요. 곧 이 순경님도 나오실 테고……."

김 반장은 잠깐 망설였다. 그러나 할 일 다 했다는데 크게 문제되지는 않을 듯했다. 그리고 이 기회

에 혜성이의 실력을 한번 보고 싶은 마음도 들었다.

"그래, 가자!"

김 반장은 흔쾌히 허락을 했다.

도난당한 물건은?

중앙 아파트 103동 704호. 오전에 한 바퀴 돌고 간 동네인데 그 시간에 절도 사건이 발생했다니, 혜성이는 뒤통수를 얻어맞은 듯 황당했다. 벨을 누르니 놀라 사색이 된 젊은 남자가 나왔다. 이름은 김인국, 32세. 집 안으로 들어가니 도둑이 여기저기 뒤진 듯 온통 난장판이었다.

"아침 운동하러 나갔다가 방금 들어왔는데, 이렇게 되어 있었어요."

"다른 가족들은 없었나요?"

"네, 혼자 삽니다."

"문은 잠그고 나가셨나요?"

"그럼요. 분명히 잠기는 소리를 듣고 나갔습니다."

"그럼 도난당한 물건은 뭐죠?"

혜성이가 묻자 김인국은 갸우뚱하며 말했다.

"그, 글쎄……. 그건 아직 모르겠어."

뭐? 아니, 경찰에 신고까지 해 놓고는 이제 와서 모른다니 말이 되나?

"너무 놀라서 신고부터 하고 찾아봤는데 아직 잘 모르겠어."

"그래요? 그럼 더 찾아보세요. 뭐가 없어졌는지."

김 반장의 말에 김인국은 집 안 여기저기를 살펴보기 시작했다. 혜성이도 김 반장과 함께 집 안을 둘러보았다. 혹시 아파트 뒤쪽 가스관을 타고 창문으로 들어왔나 싶어 가스관 옆으로 난 창문을 살펴보았으나 굳게 잠겨 있었고, 철창까지 단단히 설치되어 있었다.

'그렇다면 현관으로 들어왔을 확률이 가장 높은데…….'

막 그런 생각을 하는데, 김인국이 침통한 표정으로 다가와 말했다.

"시계가 없어졌어요. 식탁에 벗어 놓았던 손목시계."

"시계요?"

"네. 이탈리아제 명품 시계로 제가 제일 아끼던 건데."

"시계라……. 그럼 다른 건요?"

"다른 건 없는 거 같습니다."

혜성이는 좀 이상하다는 생각이 들었다. 아무리 비싼 시계라도 그렇지, 이렇게 집 안을 난장판으로 만들고 달랑 시계 하나 훔쳤단 말인가? 그런데 순간, 혜성이의 눈에 방문 하나가 살짝 열려 있는 것이 보였다.

"여기는 무슨 방이에요?"

"서재야."

셋이 서재에 들어가 보니, 서재는 거실과 전혀 다르게 깨끗이 정돈된 상태였다. 여기까지는 안 들어온 모양인데……. 그래서 빙 둘러보고 나가려는데, 뭔가 반짝 빛나는 것이 보였다. 그것은 컴퓨터 전원 표시등.

누가 스파이일까?

모니터의 전원 표시등에도 불이 들어와 있었다. 그러나 화면은 검은색이다. 절전 모드인 것 같은데…….

"혹시 컴퓨터 켜 놓고 나갔다 오셨어요?"

혜성이의 뜬금없는 물음에 김인국은 말도 안 된다는 듯이 대답했다.

"아니. 오늘은 컴퓨터 안 켰는데! 아침에 눈뜨자마자 나갔거든."

"그래요?"

혜성이는 얼른 장갑을 끼고 마우스를 움직여 보았다. 예상대로 에러 메시지가 떠 있었다. 그렇다면 도둑이 컴퓨터를 쓴 다음 끄고 나갔는데, 급히 나가느라 제대로 꺼졌는지 확인하지 못한 것일까? 그사이 컴퓨터는 절전 모드로 바뀌었기 때문에 언뜻 컴퓨터가 꺼진 것처럼 보였던 것이다. 게다가 USB 연결 포트의 뚜껑도 열려 있으니, 바로 이거다!

"혹시 컴퓨터에 저장된 파일 중에 중요한 게 있나요? 누군가 복사해 간 거 같은데!"

혜성이의 말이 끝나기가 무섭게 김인국은 다리에 힘이 풀린 듯이 풀썩 주저앉고 말았다.

"뭐라고? 파일 복사!"

회사 기밀 유출 사건

"회사 기밀이 담긴 파일이요?"

"네. 최근 저희 회사에서 개발한 신제품에 관한 내용인데요. 회사의 사활이 걸린 중요한 문서입니다."

알고 보니, 김인국은 우리나라 정보 통신 업계 1위인 '톱 텔레콤'의 개발 이사였다.

"아무래도 도둑이 든 것처럼 위장해 회사 기밀을 몰래 빼내려고 한 것 같은데, 혹시 의심 가는 사람은 없습니까?"

김 반장의 말에 한참을 골똘히 생각하던 김인국은 고개를 갸우뚱했다.

"모, 모르겠어요. 누군지……."

혜성이는 생각을 정리했다. 범인은 현관문으로 들어왔고 김인국의 컴퓨터에 회사 기밀이 있다는 것을 알고 있었다. 그렇다면 김인국과 그가 하는 일을 잘 아는 사람일 확률이 높다. 또 아무리 급한 상황이라도 컴퓨터가 제대로 꺼졌는지 확인하지도 않은 것으로 보아 처음 범행을 저지른 사람일 가능성이 높다. 그렇다면 시계는 왜 가져갔을까? 일부러 집 안을 어지럽힌 의도와 마찬가지로 도둑이 든 것으로 위장하려고?

김 반장과 혜성이는 범인이 남긴 흔적이 또 없나 샅샅이 뒤졌다. 그리고 혜성이는 컴퓨터와 문고리에서 지문을 채취했다.

"반장님, 저도 수사에 참여해도 될까요?"

경찰서에 돌아오자마자 혜성이는 김 반장에게 물었다. 오는 내내 생각해 보았는데 아무래도 다른 뭔가가 있다는 느낌이 들었기 때문에 꼭 수사에 참여하고 싶었던 것이다.

"한번 해 보고 싶어요. 그리고 자신도 있어요."

솔직히 김 반장은 혜성이의 예리한 눈썰미에 깜짝 놀랐다. 타성에 젖어서 그랬을까? 형사 경력 20년의 베테랑 형사인 자신은 그 집에 들어갈 때부터 단순 절도 사건이라고 단정했다. 그래서 여기저기 어지럽혀진 물건만 살펴봤는데, 컴퓨터의 작은 전원 표시등을 눈여겨보다니! 역시 보통이 아니라는 생각이 들었다. 그렇다면!

'그래, 서장님께 졸라 보지, 뭐!'

"좋아. 그럼 어디부터 시작할 건데?"

김 반장의 물음에 혜성이는 자신 있는 목소리로 대답했다.

"김인국 씨에 대해 좀 더 자세히 알아보려고요. 그렇게 중요한 회사 기밀이면 자기 집의 하드 디스크에도 깔아 놓으면 안 되지 않나요?"

"그렇지, 바로 그거야! 한번 파헤쳐 봐."

김 반장의 허락에 혜성이는 뛸 듯이 기뻤다. 드디어 기다리고 기다리던 사건을 맡은 것이다.

 김인국의 자작극?

다음 날, 혜성이는 온갖 정보와 인맥을 동원해 김인국에 대해 알아보았다. 김인국은 나라 대학교 공대를 졸업하고 미국에 있는 세계 최고의 공대에서 공학 박사 학위를 받은 후, 지난해에 톱 텔레콤 신제품 개발팀 팀장으로 입사하고, 1년 만에 이사로 초고속 승진을 한 아주 유능한 인재였다. 그는 주로 차세대 이동 통신 분야를 연구하고 있으며, 최근 아주 혁신적인 모델을 개발했다는 소문이 돌고 있다는데……

그런데 조사 중에 한 가지 이상한 점이 발견되었다. 최근 톱 텔레콤 내에서 쉬쉬하며 돌고 있는 소문으로, 누군가 경쟁사인 '지우 텔레콤'에 신제품 개발팀이 개발한 내용을 빼돌리고 있다는 것이다. 그래서 얼마 전 김인국을 비롯해 팀원들 모두가 상부로 불려 가 조사를 받았다는데, 그렇다면 그 사건이 이번 도난 사건과 관련이 있지 않을까?

"혹시 회사 기밀을 유출한 사람이 김인국 아닐까요? 그게 발각될 것 같으니까 자신의 범죄 사실을 숨기기 위해 자작극을 벌인 거죠. 자신은 모른다, 집에 도둑이 들어 훔쳐 간 거다, 이렇게 둘러대려고요."

혜성이가 자신의 생각을 말하자 김 반장은 고개를 끄덕였다.

"그럴 가능성도 있겠지. 도둑이 든 걸 알자마자 뭐가 없어졌는지 보지도 않고 신고부터 한 것이 좀 이상하다는 생각이 들긴 했어. 물론 놀라서 반사적으로 112를 눌렀을 수도 있겠지만 말이야. 아 참, 양 형사! 지문 감식한 거 어떻게 됐어?"

경찰서에 돌아오자마자 김 반장은 양 형사에게 지문 감식과 시계의 행방을 찾아보도록 했었다.

"방금 나왔는데요. 김인국의 것밖에 없습니다."

"그래? 그럼 시계는?"

"장물로 나왔는지 오전 내내 뒤지고 다녔는데, 아직 안 나왔던데요."

"좋아, 그럼 계속 알아보고. 혜성아, 나는 김인국이 지우 텔레콤의 누구와 접촉했는지 알아볼 테니까 넌 일단 김인국을 잘 살펴봐. 혹시 주변 인물 중에 누구와 친한지도 알아보고."

호랑이를 잡으려면 호랑이 굴로 들어가라고 했던가. 혜성이는 곧바로 톱 텔레콤으로 향했다.

'그래! 김인국을 다시 만나 슬쩍 떠봐야겠어. 자작극인지 아닌지.'

그런데 혜성이가 톱 텔레콤 빌딩으로 들어가려고 막 주차장 입구를 지날 때였다. 끽~ 하는 요란한 소리가 들려 깜짝 놀라 돌아보니, 한 남자가 차창을 내리고 냅다 소리를 질렀다.

"꼬마야, 조심해야지!"

허 참, 꼬마라니! 물론 혜성이가 생각에 잠겨 잠깐 부주의했던 것은 사실이지만, 주차장 입구에서 그렇게 속력을 높이는 것도 위험한 일 아닌가. 혜성이가 얼른 한마디 하려고 하니, 차는 벌써 지하 주차장으로 내려가고 있었다. 뭐가 그리 급한지…….

그런데 이건? 혜성이는 요 며칠

교통과에서 주차 단속을 하다 보니 자동차 종류와 번호판을 유심히 살펴보는 버릇이 생겼다. 그런데 흰색 솔로몬 5678, 왠지 낯익었다.

'어디서 봤더라?'

그 순간 혜성이의 머릿속에 번쩍 떠오르는 장면이 있었으니, 바로 어제 아침 중앙 아파트 앞 '거주자 우선 주차 구역'에 있던 차! 저 차는 어제 김인국의 아파트 앞에 있었다. 그것도 사건이 일어난 바로 그 시각에. 혜성이는 주차장으로 뛰어 내려가 방금 내려간 차를 찾았다. 마침 차에서는 젊은 남자가 내리고 있었다. 키가 작고 뚱뚱한 남자는 회사 직원인 듯 목에 직원증을 걸고 있었는데, 멀리 있어서 이름은 보이지 않았다.

'누굴까? 아, 그래! 맞다, 휴대 전화!'

어제 아침, 중앙 아파트에서 만난 아주머니는 혜성이의 휴대 전화를 빌려 전화를 걸었다. 그러니 아직 그 전화번호가 남아 있을 터. 혜성이는 얼른 번호를 찾아서 전화를 걸었다. 신호가 들리자 남자의 휴대 전화에서도 전화벨이 울렸다. 남자는 휴대 전화를 찾더니 전화를 받았다.

"네. 신제품 개발팀 박창만입니다."

뭐? 신제품 개발팀! 김인국과 같은 팀이다. 그리고 전화를 받았다는 것은 어제 저 차가 김인국의 아파트 앞에 있었다는 것을 뜻한다. 물론 그 동네에 사는 사람은 절대 아닐 것이다. 그랬다면 아파트 단지에 차를 댔던지, 자신의 주차 구역이 따로 있었을 테니까. 그러나 그는 다른 사람의 주차 구역에, 그것도 급한 듯 대충 차를 대고 사라진 것이다.

박창만의 알리바이

박창만. 톱 텔레콤 신제품 개발팀 대리. 지금까지의 상황으로는 김인국의 집에 들어간 사람은 박창만일 가능성이 높다. 그렇다면 박창만은 왜 그 시간에 김인국의 집에 갔을까? 김인국의 집에 회사 기밀이 있는 것을 알고 정보를 빼낸 다음 도둑이 든 것처럼 위장한 것이 아닐까?

그러다가 아주머니의 전화를 받고 차를 빼기 위해 황급히 나와야 했고, 그래서 컴퓨터가 꺼졌는지 미처 확인하지 못한 것이리라. 혜성이는 지금까지의 일을 김 반장에게 보고했다. 김 반장은 고개를 끄덕이며 말했다.

"좋아. 그렇다면 일단 박창만의 알리바이부터 알아보자고."

혜성이는 김 반장과 함께 박창만을 만났다. 김 반장이 물었다.

"박창만 씨, 김 이사와 같은 팀에 계시죠? 김 이사에게 안 좋은 일이 있어서 좀 물어볼 게 있습니다."

"안 좋은 일이요? 이사님 밑에서 일하긴 하지만 잘은 모르는데요."

"그럼 바로 묻겠습니다. 어제 중앙 아파트에 가셨죠? 김 이사 집에."

그러자 박창만은 황당하다는 표정을 지으며 말했다.

"김 이사님 댁이라니요? 전 김 이사님이 어디 사시는지도 모릅니다."

"그래요? 그럼 어제 오전 10시에서 12시 사이에 뭐 하셨죠?"

"어제 오전이라면……. 자전거를 타고 파주 한길리에 다녀왔습니다."

"자전거요? 흰색 솔로몬 5678. 본인 차 맞죠?"

"맞습니다."

"어제 오전 11시. 김 이사가 사는 중앙 아파트 앞 '거주자 우선 주차 구역'에서 당신의 차를 본 사람이 있습니다."

순간, 박창만의 눈썹이 살짝 일그러졌다. 그러나 그는 이내 큰 소리로 웃으며 대답했다.

"하하하! 황당하군요. 누가 제 번호판을 도용했나 보군요."

"하나 더. 어제 차 빼 달라는 전화 받으셨죠? 어떤 아주머니한테서."

"어제요? 그, 글쎄요. 어제 휴대 전화를 두고 나가서……."

이런, 요리조리 잘도 빠져나가는구나! 박창만은 거기다 한술 더 떴다.

"아, 맞다! 제 알리바이를 증명할 증거물이 하나 있습니다."

증거물까지!

"제가 원래 사진 찍는 게 취미거든요. 어제도 사진을 몇 장 찍었는데, 거기에 날짜가 찍혔을 겁니다."

박창만의 카메라를 보니, 그의 말대로 어제 찍은 다섯 장의 사진이 들어 있었다. 그래서 일단 사진을 이메일로 받기로 하고 돌아왔는데, 김 반장도 혜성이도 영 찜찜한 마음이 들었다.

"일단 김인국과 박창만의 휴대 전화랑 통장 내역을 추적해 봐야겠어. 두 사람 다 범인일 가능성이 있으니까."

그렇게 바쁜 하루가 지나고 집으로 돌아온 혜성이는 박창만이 보내 온 사진을 출력하여 유심히 살펴보았다.

'그 시간 박창만은 분명히 그곳에 있었어. 아까도 전화를 받았잖아!'

솔직히 카메라의 날짜는 마음대로 바꿀 수 있으니, 알리바이를 확실하게 증명한다고 볼 수 없다. 하지만 그렇다고 아니라는 증거는?

그때였다. 혜성이의 눈에 들어온 두 장의 사진. 다섯 장의 사진 중 세 장에는 맑은 여름 하늘이 담겨 있었다. 그런데 오전 11시쯤 커다란 나무를 배경으로 찍은 두 장의 사진 속 하늘은 달랐다. 더 어두우면서 위아래로 기다랗고 진한 색의 구름이 걸쳐 있었다. 바로 소나기구름이.

구름은 물방울이 모여 만들어지는데, 구름을 보면 그곳의 날씨를 대략 알 수 있다. 구름이 없으면 맑은 날씨, 구름이 끼면 흐린 날씨. 푸른 하늘에 새털처럼 떠 있는 '새털구름'은 맑은 날에 볼 수 있고, 땅에서부터 기둥처럼 뻗쳐오른 구름은 '소나기구름'으로 천둥, 번개와 함께 소나기를 몰고 온다. 그래서 일기 예보를 할 때는 기상 위성에서 찍은 구름 사진을 보여 주고, 일기도에는 풍향, 풍속과 함께 구름의 양을 표시하는 것이다.

가만! 그러니까 이렇게 한쪽 끝에서 소나기구름이 몰려왔다면, 잠시 후 이곳에는 분명히 소나기가 내렸을 것이다. 그렇다면 어제 오전 11시 이후에 파주 한길리에 소나기가 내렸는지 알아봐야겠다. 소나기가 왔다면 박창만의 알리바이는 확실히 증명된다. 그러나 만약 그렇지 않다면!

혜성이는 얼른 기상청 홈페이지에 들어가서 어제 파주 한길리의 날씨를 확인해 보았다. 그런데 아무리 찾아도 서울과 같이 푹푹 찌는 맑은 여름날이었을 뿐, 소나기가 내렸다는 정보는 찾을 수가 없었다.

'그렇다면 이 사진은 언제 찍은 거지?'

그래서 이전 날씨를 검색해 보니 바로 하루 전날인 토요일, 파주 한길리에 소나기가 내렸다는 보도가 있는 것이 아닌가. 그렇다면 이 사진은 사건 전날 찍은 사진이란 말인가?

기상 위성이란?

기상 위성은 날씨를 관측하고 그 자료를 보내도록 만들어진 인공위성을 말해. 보통 적도 위 3만 6000km 위에 머물며, 지구의 자전 속도와 같은 속도로 지구 주위를 돌면서 기상 현상을 관측하지. 넓은 영역을 동시에 관측하므로 수천 km에 이르는 장마 전선에서 수십 km 규모의 구름까지 다양한 규모의 기상 현상들을 모두 관측할 수 있어. 우리가 텔레비전 일기 예보 시간에 보는 구름 사진은 바로 기상 위성에서 찍어서 보내 준 사진이야.

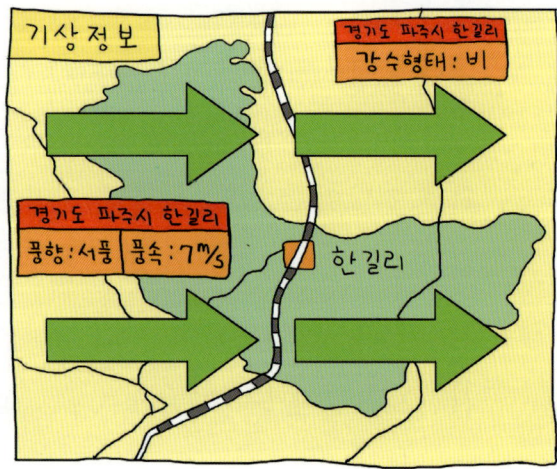

그런데 혜성이가 사진을 다시 보니, 사진에 찍힌 박창만의 머리카락이 심하게 흩날리고 있었다. 그럼 바람이 세게 불었다는 얘긴데!

일요일 11시, 그곳의 풍향은 약한 남동풍. 그렇다면 머리카락이 흩날릴 정도는 아니다. 그럼 토요일 11시에는? 소나기가 오기 직전에 강한 서풍이 불었다는 기록이 있었다. 혜성이는 얼른 사진 속에 있는 나무와 배경으로 보이는 산의 위치를 찾아 방향을 맞춰 보았다. 그랬더니 사진의 뒤쪽이 북쪽이었다. 박창만의 머리카락이 왼쪽에서 오른쪽으로 날리고 있으니, 이는 바로 서풍이 불었다는 증거. 맞다! 확실히 이 사진은 사건 당일인 일요일이 아니라 하루 전날인 토요일에 찍은 것이다!

> **바람의 세기는 어떻게 잴까?**
>
> 바람의 세기, 즉 공기가 움직이는 속력인 '풍속'은 보통 1초에 몇 m를 움직였는지, 또는 1시간에 몇 km를 움직였는지로 표시하지. 풍속을 재는 도구인 풍속계는 1450년에 이탈리아 사람인 알베르티가 처음으로 만들었어. 오늘날 가장 많이 사용되고 있는 것은 알루미늄으로 만든 밥공기처럼 생긴 반구 3~4개를 회전축으로부터 뻗어 있는 막대에 붙인 거야. 반구가 바람을 받으면 회전축과 함께 도는데, 바람이 세면 셀수록 빨리 돌게 돼. 그래서 일정한 시간에 회전축이 회전한 횟수를 세면 풍속을 계산할 수 있어.

김인국과 박창만

그런데 다음 날, 혜성이가 경찰서에 도착했을 때에는 더 황당한 일이 벌어져 있었다. 누군가 회사의 기밀 정보를 유출한다는 내용을 고발한 사람이 바로 박창만이라는 것이다. 그리고 박창만은 그 범인으로 김인국을 지목했다고 한다.

"처음 생각했던 게 맞네. 김인국이 정보를 빼돌리고, 걸리니까 오리발 내밀려고 도둑맞은 척하는 거야!"

양 형사의 말에 김 반장은 반대 의견을 내놓았다.

"그렇다면 오히려 박창만이 아닐까? 정보는 자신이 빼돌린 거지. 그리고 김인국에게 덮어씌우려고 김인국의 집에서 파일을 복사한 거야. 그리고 회사 쪽에 증거물로 보여 주며, 김인국이 자기 집 컴퓨터에 중요한 정보를 복사해 놓고 그걸 유출했다! 이렇게 말하려는 거지."

그런데 그들의 휴대 전화 사용 내역과 통장 내역을 살펴보니, 김인국의 휴대 전화와 통장 내역에는 별것이 없는 반면, 박창만의 휴대 전화와 통장 내역에서는 '장만수'라는 이름으로 두 번에 걸쳐 1억 원씩, 총 2억 원의 돈이 입금된 기록이 있었다. 김 반장은 얼른 명령을 내렸다.

"장만수? 빨리 알아봐. 지우 텔레콤에 장만수 있나!"

역시 있었다. 지우 텔레콤 상무. 김 반장은 고개를 끄덕였다.

"그럼 박창만이네. 잡아들여!"

그러나 막상 잡혀 온 박창만은 전혀 예상치 못한 대답을 했다.

"전 그냥 김 이사님께 전화기와 통장만 빌려 드리고 심부름 값만 받았을 뿐입니다. 그리고 장 상무님은 한 번도 뵌 적이 없어요."

박창만의 말에 통장을 보니, 정말 여섯 번에 걸쳐 모두 1억 8000만 원이 현금으로 인출된 기록이 있었다.

"3000만 원씩 김 이사님께 현금으로 전해 드렸습니다."

만약 박창만의 말이 사실이라면 김인국이 주범이라는 건데…….

"그렇다 해도 어쨌든 당신도 정보 유출에 가담했는데, 왜 회사에 김인국 이사를 고발한 거죠?"

"두려웠어요. 회사에서 눈치 채면 전 끝장날 것 같았어요. 그래서 고민 고민하다가 할 수 없이 먼저 고발한 겁니다."

"좋아. 장만수와 김인국까지 불러서 물어보면 밝혀지겠지."

결국 장만수와 김인국은 회사의 기밀 정보를 빼낸 혐의로 체포되었다. 그리고 셋을 한자리에 모아 놓고 이야기를 들은 결과, 심부름만 했다는 박창만의 말은 사실임이 드러났다.

"제가 다 잘못한 거예요. 상무로 승진한 다음에 눈에 띄는 성과를 내야 하는 부담이 컸습니다. 그래서 인국이가 새로운 통신 방법을 개발했다는 말을 듣고, 일부분이라도 좀 달라고 부탁한 겁니다."

장만수가 말했다. 그렇다면 김인국은 왜 자신이 애써 개발한 자료를 장만수에게 넘겼을까?

"만수 형은 제 친형이나 다름없습니다. 대학 때에도, 미국에서 공부할 때에도 형이 도와줬기 때문에 마칠 수 있었죠. 그런데 형이 계속 새로운 성과가 안 나와서 괴로워하더라고요. 그냥 모른 척할 수는 없었습니다. 또, 개인적으로는 어머님께서 많이 편찮으셔서 급하게 돈이 필요했습니다. 하지만 일부 자료만 넘겼을 뿐, 핵심 자료는 넘기지 않았습니다. 그건 형하고도 미리 얘기한 거예요."

"그 핵심 자료는 어디에 있었습니까? 도난당한 자료에 있었습니까?"

"네. 바로 그겁니다."

"그럼 그걸 박창만 씨는 알고 있었나요?"

"네. 알고 있었습니다."

뛰는 스파이 위에 나는 스파이

그래서 박창만에 대한 조사가 다시 시작되었다.

"김인국 이사의 집에는 왜 갔어요? 핵심 자료를 빼내려고 간 거죠?"

"허 참, 거기는 간 적 없다니까요. 내가 증거 사진 드렸잖아요."

"그 사진, 사건 당일이 아닌 그 하루 전날인 토요일에 찍었잖아요."

혜성이의 말에 박창만은 화들짝 놀라며 말했다.

"무, 무슨 소리야? 토요일이라니!"

혜성이는 지난밤 알아낸 사실을 이용해 박창만의 알리바이가 거짓이라는 증거를 댔다. 그러자 박창만은 어두운 표정으로 말했다.

"그날, 거기 간 건 맞습니다. 하지만 김 이사님 댁은 정말 모릅니다. 전 그냥 친구 아들의 돌잔치에 들른 것뿐입니다."

그러자 김 반장이 명령을 내렸다.

"할 수 없지. 박창만의 집, 압수 수색해 봐. 털면 먼지라도 나오겠지."

그러나 박창만의 집을 수색한 결과, 핵심 자료가 담긴 파일은 어디에도 없었다. 그런데 이게 뭔가! 명품 시계와 내일 아침 출국 예정인 스위스행 비행기 표가 있었다. 그리고 스위스 은행의 통장. 통장에는 '박창숙'이라는 이름으로 자그마치 10억 원이라는 거금이 예금되어 있었다.

그렇다면 박창만은 핵심 자료를 다른 회사로 넘기고 그 대가로 거금 10억 원을 받은 것이 아닐까? 그리고 그 돈을 다른 사람의 이름으로 스위스 은행에 넣고 나중에 찾아 도망가려고 한 것이 분명하다.

김인국에게 확인해보니 박창만의 집에서 나온 시계는 그가 잃어버린 바로 그 시계였다. 이제 박창만은 모든 사실을 인정할 수밖에 없다.

"문은 어떻게 열고 들어갔죠?"

김 반장이 묻자, 박창만은 다소 기가 죽어 대답했다.

"통장 비밀번호요. 이사님이 통장 만들라고 하면서 가르쳐 주신 번호가 있는데, 혹시 그건가 해서 눌러 보니까 맞더라고요."

"그럼 복사한 핵심 자료는 어디 있어요?"

"모릅니다. 전 그냥 시계만 훔쳤어요."

박창만은 끝까지 혐의를 부인했다. 그러자 김 반장이 집에서 찾아낸 스위스행 비행기 표와 스위스 은행 통장을 책상에 놓으며 소리쳤다.

"그만하죠! 증거물 다 나왔거든요. 어디에 팔았어요?"

증거물을 본 박창만은 더는 할 말이 없는지 낮은 목소리로 대답했다.

"스피드 텔레콤이요."

'스피드 텔레콤'이라면 최근 새롭게 이동 통신 시장에 뛰어든 회사다.

"김 이사님의 심부름을 하면서 김 이사님이 정말 중요한 핵심 정보는 지우 텔레콤에 넘기지 않고 집에 가지고 있다는 사실을 알았습니다. 그래서 그 정보를 빼내어 팔면 엄청난 돈을 받을 수 있다는 생각에……. 그리고 마침 스피드 텔레콤에서 정보를 사겠다고 해서……."

바로 그때였다. 양 형사가 다급하게 뛰어 들어오며 소리쳤다.

"반장님, 뉴스! 뉴스 좀 보세요!"

무슨 일인가 하여 재빨리 텔레비전을 켰더니, 이게 웬일인가! 스피드 텔레콤이 차세대 이동 통신을 이끌 획기적인 기술을 개발했다고 발표하는 것이 아닌가. 결국 박창만은 회사의 핵심 기술을 유출한 혐의와 절도 혐의로 구속되었고, 스피드 텔레콤에 대해서도 불법 정보 거래에 대한 대대적인 조사가 시작되었다.

"아이고~, 뛰는 놈 위에 나는 놈 있다더니. 뛰는 스파이 위에 나는 스파이가 있었네!"

김 반장의 농담에 양 형사가 한마디를 더 보탰다.

"하나 더 있죠. 나는 스파이 위에 로켓 탄 혜성이 있다! 맞죠?"

"어, 그러네! 하하하."

그렇다. 어린이 과학 형사대, 나혜성. 어느덧 비행기보다 더 빠른 로켓을 타고 더 큰 세상으로 날아오르고 있었다.

# 혜성이가 들려주는
사건 해결의 열쇠

단순한 절도 사건인 줄 알았는데 결국 회사의 기밀 정보를 빼낸 대 사건으로 밝혀진 '누가 스파이일까?'에서 사건을 해결하는 열쇠가 된 것은 바로 구름과 바람, 그리고 날씨에 대해 잘 아는 거야.

💡 구름이란?

지구 표면에서 올라간 수증기를 포함한 따뜻한 공기는 하늘로 높이 올라가다 식으면서 서로 모여 다시 아주 작은 물방울로 변해. 그리고 그 작은

햇빛에 더워진 공기가 올라갈 때

공기가 높은 산을 만나 올라갈 때

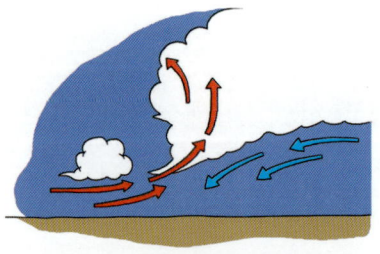
따뜻한 공기가 찬 공기를 만날 때

〈구름이 생기는 원인〉

물방울이 모이고 모이면 바로 '구름'이 되지.

구름은 생길 때의 높이나 온도의 차이 때문에 여러 가지 형태나 구조를 띠게 돼. 물방울로 된 구름은 비교적 낮은 곳에 떠 있고, 얼음덩어리로 된 구름은 비교적 높은 곳에 떠 있어.

구름은 떠 있는 높이와 모양에 따라 분류하여 이름을 붙여. 높이에 따라 위로 올라갈수록 하층운, 중층운, 상층운이라고 하고, 아래에서부터 위로 높이 솟은 구름은 수직운이라고 해.

맑은 날씨에 새털처럼 떠 있는 새털구름은 상층운, 양떼처럼 덩어리를 지어 떠 있는 양떼구름은 중층운, 안개처럼 낮게 깔리는 안개구름은 하층운에 속하지. 또, 땅에서부터 기둥처럼 뻗쳐오른 소나기구름은 수직운이야.

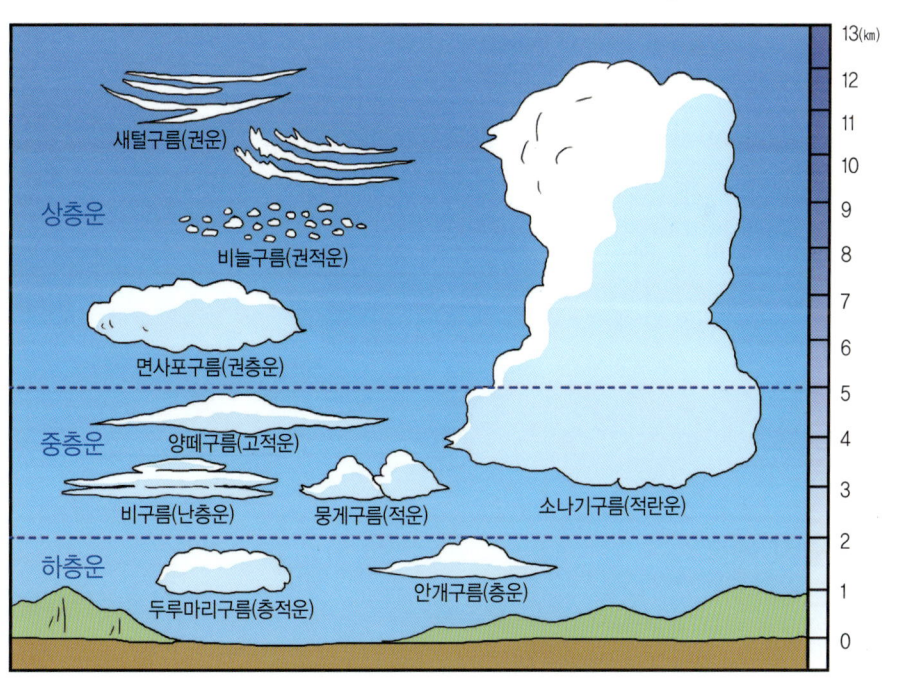

〈높이에 따른 구름의 종류〉

💡 바람이란?

바람은 눈에 보이지 않아. 우리는 흔히 옷이나 머리카락, 나뭇가지 등이 흔들리는 모습을 보고 바람이 부는 것을 알지.

그렇다면 바람은 뭘까? 바람이란 '공기의 이동'을 말해. 공기는 온도가 높아지면 공기 사이의 간격이 넓어져 부피가 증가하는데, 그럼 더 가벼워져서 위로 올라가게 되지. 그리고 따뜻한 공기가 위로 올라가면 그 빈자리를 메우기 위해 찬 공기가 아래로 이동하면서 바람이 불게 되는 거야.

우리 주변은 공기로 꽉 차 있어서 공기가 누르는 압력, 즉 '기압'을 받고 있어. 기압은 장소에 따라 차이가 나는데 주위보다 높은 곳을 '고기압', 낮은 곳을 '저기압'이라고 해. 바람은 항상 고기압에서 저기압으로 불어.

이런 바람이 불어오는 방향을 '풍향'이라고 해. 예를 들어 바람이 남쪽에서 불어오면 '남풍'이라고 하지. 또, 공기가 일정한 시간 동안 이동한 거리를 '풍속'이라고 해. 보통 지상 10m에서 10분 동안 공기가 흘러간 거리를 재어 1초 동안의 평균 속력으로 나타내지.

일기 예보

구름, 바람, 기압 등의 기상 정보를 관측하고 분석하면 앞으로 날씨가 어떻게 될 지 예측할 수 있어. 이렇게 날씨를 예측하여 미리 알리는 것을 '일기 예보'라고 해. 우리나라 지도 위쪽에 구름이 둥실둥실 움직이는 사진을 볼 수 있지? 바로 기상 위성을 이용해 찍은 '구름 사진'이야. 구름 사진은 어떤 지역의 전체적인 날씨를 알 수 있다는 장점이 있는 반면, 날씨에 대한 자세한 정보는 알 수 없다는 단점이 있어.

구름 사진 다음에는 일기도를 보여 주지? '일기도'란 넓은 범위에 걸쳐 일정한 시각의 날씨를 숫자나 기호 등을 사용해서 만든 지도야. 풍향, 풍속, 구름의 양, 기압이 같은 지점을 연결한 등압선, 고기압, 저기압이 표시되어 있지. 일기도는 날씨에 대한 여러 가지 정보를 자세히 담고 있다는 장점이 있는 반면, 일기도의 기호를 모르면 날씨를 알 수 없다는 단점이 있지.

보통 날씨는 구름의 양에 따라 가늠하게 되는데, 하늘에 구름이 10분의 2 이하이면 '맑음', 10분의 3~10분의 5이면 '구름 조금', 10분의 6~ 10분의 7이면 '구름 많음', 10분의 8 이상이면 '흐림'이라고 하지.

〈일기도와 날씨 기호〉

그러니까 잘 생각해 봐. 박창만이 자신의 알리바이를 증명하기 위해 제시한 사진에는 소나기구름이 있었던 거야. 그리고 머리카락이 서쪽에서 동쪽으로 날리고 있었던 것은 바로 서풍이 불었다는 뜻. 결국 사건 당일, 그 장소에는 소나기가 내리지 않았고 약한 남동풍이 불었다는 정보를 찾아냄으로써 사진을 다른 날 찍었다는 사실을 증명한 거지. 어때, 이젠 알겠지?

■ 핵심 과학 원리 – 이끼

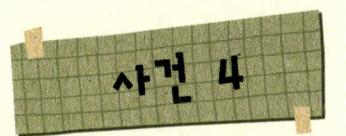

자살일까, 타살일까?

"왜? 왜 그래?"
"뭔가 있어."

요리의 긴장된 말투에 순간, 달곰이도 온몸이 찌릿! 전율이 느껴졌다. 정말 요리 말대로 계곡 옆의 우거진 수풀 사이로 신발 하나가 보였다.

명악산에 가다

어느덧 2주일의 시간이 지나 아이들은 무사히 경찰서 연수를 마치고, 정든 경찰서 사람들과 아쉬운 작별을 했다. 그리고 2주일 동안 방학이 이어졌다. 오랜만의 휴식은 눈 깜짝할 사이에 지나고 이제 3일 뒤면 개학이다. 지리산에 있던 달곰이는 개학 준비를 위해 형사 학교로 올라왔는데, 요리가 가족과 함께 산에 가서 닭백숙을 먹자고 연락해 왔다.

그래서 찾은 곳이 명악산. 계곡을 따라 난 산길이 참 아름다운 곳이다. 일요일 아침인데도 아직 이른 시간이라 그런지 사람들이 별로 없었고, 산에서만 나는 상쾌한 초록 냄새에 머리까지 맑아지는 듯했다. 계곡을 따라 한 30분쯤 올랐을까, 요리 엄마가 좀 쉬어 가자고 했다.

"그냥 이렇게 올라가기만 하면 재미없지. 계곡에 발이라도 담가야지."

"신 난다. 와!"

요리와 달곰이는 말이 끝나기가 무섭게 계곡으로 들어갔다. 서로 물도 좀 튀기고 돌 위에 앉아 명악산의 기암절벽 구경도 하면서 달콤한 휴식을 하고 있을 때였다. 한참 조잘조잘하던 요리가 갑자기 말을 뚝 멈추더니, 뭔가를 뚫어지게 쳐다보는 것이 아닌가. 달곰이가 물었다.

"왜? 왜 그래?"

"뭔가 있어."

요리의 긴장된 말투에 순간, 달곰이도 온몸이 찌릿! 전율이 느껴졌다.

정말 요리 말대로 계곡 옆의 우거진 수풀 사이로 신발 하나가 보였다. 둘은 누가 먼저랄 것도 없이 그쪽으로 다가갔다. 그랬더니 엎어져 있는 사람이 보이는 것이었다. 그렇다. 시신, 시신이 있었다.

요리는 재빨리 112로 신고를 했다. 관할 경찰서는 바로 요리가 근무하던 도사 경찰서. 둘은 경찰이 오는 동안 조심스레 시신을 살폈다.

"옷이 여기저기 찢어지고 상처가 난 것을 보니 추락사인 것 같은데!"

요리의 말에 달콤이가 위쪽의 봉우리를 가리키며 말했다.

"저기. 저 봉우리에서 떨어졌나 봐."

달콤이의 말대로 계곡 위쪽에 있는 사망봉에서 떨어진 것 같은데, 사망봉은 보기에도 꽤 높은 봉우리였다. 달콤이가 말했다.

"저 정도 높이라면 시신이 분산되고도 남았을 텐데……."

"나무에 걸리면서 충격이 줄어들었겠지."

달콤이는 요리의 말을 듣고 고개를 끄덕였다. 그동안 도사 경찰서 과학 수사팀에서 시신 지문 찍기부터 시작해 부검까지 여러 과정을 배운 요리, 역시 보는 눈이 남달랐다. 잠시 후 도사 경찰서에서 경찰과 과학 수사팀이 도착했고, 요리와 달콤이는 이들을 도와 시신을 옮겼다.

 누구일까?

요리는 김희진 팀장의 배려로 부검에 참여할 수 있었다.

"그래. 사망 원인은 추락에 의한 경추 골절(목이 부러짐)이구나. 떨어지다 나뭇가지에 걸렸어. 옷이랑 몸이 여기저기 찢어져 있고 시신이 분산되지 않은 것으로 봐서 말이야."

역시 요리가 예상했던 대로였다.

"사망한 지 며칠 정도 된 거 같니?"

갑자기 김 팀장이 요리에게 물었다.

"음……. 파리의 번식 상태로 봐서는……. 4, 5일 정도 된 것 같아요."

"딩동댕~♪, 맞았어. 더운 날씨에 부패가 좀 더 빨리 진행된 걸 고려하면 4, 5일 정도로 보는 것이 정확하지. 와, 우리 요리, 이젠 정말 하산해도 되겠는걸! 하하하."

> **파리로 사망 날짜를 알아낸다?**
>
> 곤충은 시신 분석에 있어 중요한 단서가 되지. 특히 쉬파리나 금파리에 대한 분석이 가장 많이 이용돼. 파리의 애벌레인 구더기가 얼마나 자랐는지 몸통의 길이나 성장 단계를 보고 피해자가 죽고 난 뒤 시간이 얼마나 흘렀는지를 알 수 있어. 또, 곤충은 시신 안의 독극물을 먹어 몸 안에 지니고 있기 때문에 사망 원인이 독극물 중독인 경우에도 요긴하게 쓰일 수 있고, 곤충의 번식이 온도나 환경에 의해 좌우되는 것을 이용해 사망 장소를 알아내기도 하지.

김 팀장은 요리의 영특함과 민첩성, 그리고 어린이답지 않은 담력이 마음에 들었다. 그래서 되도록 많은 조사와 실험에 요리를 참가시켰고, 요리는 그때마다 가르쳐 준 대로 마치 스펀지처럼 모든 것을 흡수했다.

부검이 끝난 후, 요리는 너덜너덜하고 부패한 옷을 뒤지기 시작했다. 산봉우리에서 떨어졌다면 원인은 세 가지 중 하나. 발을 헛디뎌 떨어졌거나, 삶을 비관해 뛰어내렸거나, 아니면 누군가 밀어서 떨어뜨렸거나.

"어, 종이가 있는데요."

남자의 셔츠 주머니에서 발견된 종이. 컴퓨터로 타이핑한 글이었다.

"유서예요."

> 어머니, 아버지, 죄송해요. 너무 힘들어서 먼저 갑니다. 다음 세상에서는 잘할게요. 건강하세요.

아주 간단하게 씌어진 유서. 그렇다면 자살이란 말인가? 그런데 희한하게도 유서에서는 어떠한 지문도 발견되지 않았다. 본인이 쓴 유서라면 본인의 지문이 나와야 되는 것 아닌가? 자신의 유서를 장갑 끼고 만졌을 리도 없고……. 정말 이상한 일이다. 게다가 유서 외에는 신분증이나 지갑 등 다른 어떠한 증거물도 발견되지 않았다.

사건 발생 소식을 듣고 박 교장과 어 형사가 달려왔다. 물론 도사 경찰서 담당이지만, 달콤이와 요리가 처음 발견했기 때문에 함께 수사하기로 결정했다. 그리고 총 지휘는 박 교장이 하기로 했다.

"쯧쯧……. 아무래도 사건이 너희를 따라다니나 보다. 어떻게 닭백숙 먹으러 갔는데 시신이 나오냐!"

오늘 아침, 달곰이는 어 형사에게 요리네 식구와 닭백숙 먹으러 간다고 한참 자랑을 하고 나왔다. 그런데 얼마 되지 않아 시신을 발견했다는 전화를 했으니, 어 형사의 말도 그리 틀린 말은 아닌 듯하다.

"그럼 최 반장님, 실종 신고자부터 찾아봐 주세요."

박 교장이 도사 경찰서 강력반 최혁재 반장에게 지시했다.

그러고 나서 한 시간쯤 되었을까? 발견된 시신과 같은 사람으로 여겨지는 실종자가 나왔으니, 25세 양승기. 명성 대학교 의과 대학 본과 4학년. 4일 전부터 실종되었다고 바로 어제 실종 신고가 들어와 있었다.

 왜 죽었을까?

아들이 죽었다는 소식을 듣고 시골에서 급히 올라온 양승기의 부모님은 싸늘한 주검이 된 아들을 보고 거의 실신할 정도가 되었다. 그러고는 아들의 옷에서 유서가 나왔다는 말에 그럴 리 없다며 울부짖었다.

"자살이라뇨? 말도 안 돼요. 착하고 공부 잘하고 얼마나 성실한 아인데, 학교에서도 만날 수석만 했어요. 걔가 왜 죽어요. 절대 아니에요."

좀 이상하긴 하다. 공부 잘하고, 착하고, 잘생기기까지 한, 요즘 말로 '엄친아(엄마 친구 아들)'의 전형이었던 양승기. 우리나라에서 세 손가락 안에 꼽히는 의과 대학에서 6년 내내 수석을 놓치지 않았다고 한다. 집안 형편이 어렵긴 했지만 그것도 의사가 되면 해결될 문제가 아닌가.

그렇다면 정말 왜 죽었을까? 박 교장이 지시를 했다.

"그럼 일단 자살과 타살, 두 가지 가능성에 대해 모두 조사하기로 하지. 최 반장님은 혹시 목격자가 있을지 모르니까 찾아봐 주시고요. 우리는 주변 인물부터 조사하기로 하지."

그래서 어 형사와 달곰이는 양승기가 살았다는 하숙집을 찾아갔다. 소식을 들은 하숙집 아주머니는 뜻밖의 나쁜 소식에 울음을 터뜨렸다.

"실종된 날 아침, 양승기 씨를 봤습니까?"

"흑흑. 아니요. 승기는 새벽 6시면 도서관에 가거든요. 그래서 보통 제가 일어나면 벌써 없어요. 그날도 일어나 봤더니 없더라고요. 그래서 도서관에 갔나 했죠."

"그 후에 아무런 연락이 없었나요?"

"네. 그날 밤에 안 들어와서 친구 집에서 자나 했죠. 가끔 그랬거든요. 그런데 그 다음 날 밤에 승기 어머니가 전화를 하셨어요. 승기 어머니 생신이어서 내려온다고 했는데, 오지도 않고 전화도 안 받는다고요. 이상했지만 하루만 더 기다려 보자고 했죠. 그러다 다음 날도 안 들어와서 신고한 거예요. 흑흑흑."

결국 양승기는 4일 전 갑자기 자취를 감추었고, 그날 명악산 사망봉에서 떨어져 사망한 것이다. 양승기의 방에 가 보니 책과 컴퓨터, 옷가

지들이 정돈되어 있었는데, 자살을 준비한 어떠한 흔적도 찾을 수 없었다. 발견된 유서가 파일로 있는지 컴퓨터를 뒤져 보니, 그것도 없었다.

"그럼 유서는 어디서 쓴 거죠?"

달곰이는 좀 이상하다는 생각이 들었다.

"글쎄, 학교에서 썼나? 허 참, 유서를 그런 데서 쓰고 싶을까?"

어 형사도 황당하다는 듯이 말했다. 그때였다. 마침 양승기와 이 하숙집에서 3년을 같이 산 후배인 안민호가 들어왔다.

"승기 형이 산을 좋아했어요. 학교 등산부였거든요. 그래서 한 달에 한 번쯤 명악산에 갔죠. 하지만 주중에는 간 적 없는데……. 그리고 저도 소식이 없기에 산에 갔나 했는데, 등산화는 그대로 있더라고요."

"달곰아, 양승기 뭐 신고 있었지?"

어 형사가 물었다.

"운동화요. 그냥 평소에 신는 운동화."

그러고 보니 정말 이상했다. 양승기는 등산부였고, 명악산은 그가 자주 오르던 곳이다. 그렇다면 발을 헛디뎌 떨어질 확률은 거의 없다고 봐야 되지 않을까? 게다가 등산화가 없는 것도 아닌데 산에 가면서 안 신었다? 그것은 산에 갈 예정이 없었다는 뜻이다. 그리고 주중에는 산에 간 적이 없다는데 사망 추정 날짜는 바로 지난 목요일.

"하기야 죽으러 가는데 등산화로 갈아 신고, 평소에 주말에만 갔으니 주중에는 가지 말아야지 하지는 않겠지."

어 형사가 혼자 중얼거리듯이 말했다. 그때 안민호가 물었다.

"혹시 진아 누나는 만나 보셨어요? 형이 최근에 누나랑 헤어져서 힘들어 하긴 했는데."

"진아 누나요?"

박진아. 양승기와 3년이나 사귄 여자 친구로 같은 학교 피아노과 4학년이라고 하는데……. 달곰이와 어 형사는 박진아를 만났다.

"자, 자살이요?"

박진아가 파랗게 질린 얼굴로 물었다.

"아니요. 아직 확실한 것은 아니고, 추정일 뿐입니다."

어 형사의 대답에 박진아는 눈물을 뚝뚝 흘리기 시작하더니, 한참을 말도 못하고 슬피 울었다.

"승기 오빠와 저는 한 달 전에 헤어졌어요. 부모님께서 우리가 사귀는 걸 반대하셨거든요. 그래서 저도 승기 오빠도 정말 힘들었는데……. 그렇다고 죽어요? 말도 안 돼요. 말도……."

알고 보니, 부잣집 딸이었던 박진아에 비해 가난한 집 아들인 양승기를 박진아의 부모님은 탐탁지 않아 했다는 것이다. 그래서 결국 한 달 전, 부모님의 뜻을 거스르지 못하고 헤어지기로 했다는데…….

한편, 요리와 박 교장이 학교로 가서 알아보니, 양승기와 사이가 나빴던 사람은 차석훈이었다. 6년 내내 수석을 한 양승기 때문에 항상 차석이었고, 그 때문인지 사사건건 양승기에게 날카롭게 굴었다고 한다.

"무슨 일이시죠? 승기 일이라면 전 아는 게 없는데요."

젊은 사람이 나이 든 박 교장 앞에서도 거만하고 뻣뻣하게 구는 것이 박 교장은 영 마음에 들지 않았다. 게다가 차석훈은 양승기가 죽었다는 말에도 그냥 움찔하고 마는 것이었다.

"그날 하루 종일 뭐 했어요?"

박 교장의 질문에 차석훈은 아주 기분 나쁘다는 표정으로 오히려 되물었다.

"절 의심하시는 거예요? 유서 나왔다면서요!"

"물론 유서가 발견되기는 했지만 수사는 합니다. 자살이 아닐 수도 있으니까. 그날 하루 종일 뭐 했어요?"

박 교장이 단호한 목소리로 묻자, 차석훈은 마지못해 대답했다.

"수업이 없는 날이라 하루 종일 도서관에 있었습니다."

"증명해 줄 사람이 있습니까?"

"네. 여자 친구랑 같이 있었습니다."

그런데 이게 어찌 된 일인가! 양승기의 여자 친구였던 박진아, 그녀가 지금은 차석훈의 여자 친구라는 것이다.

각자 수사를 마치고 모이자, 어 형사가 분개하며 말했다.

"허 참! 아까 그렇게 울더니, 그게 다 쇼였어?"

달곰이도 한참을 엉엉 울던 박진아의 모습이 떠올랐다.

"역시 여자의 마음은 갈대라니까~. 금세 왔다~ 갔다! 좋아요, 했다가 금방 싫어요!"

박진아의 변심이 영 마음에 안 드는지 어 형사는 쉽게 화를 가라앉히지 못했다. 마치 자기 일인 양……

"어떻게 그럴 수가 있냐고! 3년이나 사귄 남자 친구랑 헤어진 지 한 달도 안 돼서 다른 남자 친구를 만나? 그것도 옛 남자 친구와 같은 과 라이벌이라는데! 그래, 나 같아도 열 받아서 죽겠다, 죽겠어."

그런 어 형사의 말에 박 교장이 버럭 소리를 질렀다.

"어허! 그렇다고 죽어? 뭐 사람 목숨이 파리 목숨이야!"

"아니, 그, 그럴 수도 있다는 거죠."

곧바로 꼬리를 내리는 어 형사. 그래, 어 형사, 좀 오버한다 했지! 그러자 요리가 이상하다는 듯이 말했다.

"그런데 좀 이상하지 않아요? 사랑하는 사람과 헤어진 슬픔과 괴로움 때문에 자살한다! 저 같으면 유서에 이런 내용을 쓸 거 같아요. 그런데 유서에는 그것에 대해서는 한마디도 없잖아요."

듣고 보니, 일리가 있는 말이었다. 이번엔 달곰이가 말을 꺼냈다.

"범인은 차석훈이 아닐까요? 양승기와 사이가 많이 안 좋았다고 했잖아요. 그리고 여자 친구도 일부러 가로챈 거 같은데."

"박진아가 알리바이 증명해 줬잖아. 그날 차석훈은 도서관이었다고."

"둘이 짰을 수도 있지. 차석훈이 그렇게 하라고 시켰을 수도 있고."

 ## 혹시 자살이 아니라면?

그런데 다음 날 아침, 뜻밖에도 박진아가 전화를 걸어 왔다. 양승기의 유서를 한 번만이라도 보고 싶다고. 경찰서로 찾아온 박진아는 밤새 울었는지 얼굴이 퉁퉁 부어 있었다. 그리고 또다시 울먹이며 말했다.

"승기 오빠는 자살할 사람이 아니에요. 저랑 헤어지고 힘들었겠지만 죽을 정도는 아니었을 거예요. 제가 승기 오빠를 더 좋아했으니까요."

의외의 고백에 모두 의아한 표정이었다. 박진아는 말을 계속했다.

"석훈 오빠와는 집안 어른들끼리 약속하신 거예요. 승기 오빠와 헤어진 후에 억지로 석훈 오빠와 사귀라고 하셨죠. 하지만 석훈 오빠가 그런 건 절대 아니에요. 그날 새벽, 저랑 6시 반쯤 도서관에서 만나기로 했어요. 그래서 갔더니, 벌써 자리 잡아 놓고 기다리고 있더라고요. 그리고 하루 종일 같이 있었어요."

그럼 자살도 아니고, 차석훈도 아니고, 누구란 말인가?

잠시 후, 어 형사가 양승기의 유서를 가져왔다. 너무도 짧게 씌어진 유서는 다시 봐도 좀 황당했다. 그런데 갑자기 박진아가 말했다.

"이거 좀 이상해요. 승기 오빠는 이런 글씨체 안 써요."

"이런 글씨체를 안 쓰다니요?"

요리의 물음에 박진아가 대답했다.

"왜 사람마다 주로 쓰는 문서 작성 프로그램이 있고, 주로 쓰는 글씨체도 있잖아. 오빠는 늘 '우리 한글'이라는 프로그램에서 문서를 작성했고, 글씨체도 '논문체'만 썼어. 그런데 이건 처음 보는 글씨체야."

달곰이가 박진아의 말에 맞장구를 쳤다.

"맞다! 그때 방에 있던 컴퓨터에도 이 파일이 없었어요."

그렇다. 그때도 컴퓨터로 작성한 유서 파일이 양승기의 컴퓨터에 남아 있지 않은 것이 이상하다고 생각했었다. 또, 생각해 보면 보통 유서는 손으로 쓰지 않던가! 컴퓨터로 유서를 작성했다니, 왠지 죽을 사람이 너무 이성적이라는 느낌이 들었다. 그럼 자살을 가장한 타살일까? 그렇다면 범인은 사건 현장에 뭔가 단서를 남겼을 수도 있지 않을까?

달곰이와 요리는 다시 명악산을 찾았다. 그리고 먼저 양승기가 떨어진 곳으로 짐작되는 사망봉까지 올라갔다. 그런데 사망봉에는 발을 헛디뎌 떨어질 만큼 위험한 곳은 눈에 띄지 않았다. 계곡 쪽을 향한 봉우리의 한쪽 끝이 앞으로 쑥 나와 있긴 했지만 땅이 편평하고 고른 편이라, 사람들은 거기서 야호를 외치고 있었다. 그러니 누가 밀었거나 스스로 뛰어내리지 않았다면 떨어질 위험은 크지 않다고 볼 수 있다.

사망봉에서 내려온 둘은 시신을 발견했던 장소로 갔다. 그리고 혹시 다른 단서가 있는지 돌 하나, 나뭇잎 하나도 면밀히 살펴보기 시작했는데, 10분쯤 지났을까, 달곰이가 요리를 불렀다.

"누나, 이리 좀 와 봐."

요리가 가 보니, 달곰이는 시신 발견 장소에서 1미터쯤 떨어진 바위를 가리켰다. 누군가 진흙을 밟고 돌을 밟았는지, 바위 위에는 선명하지 않지만 발자국이 남아 있었다.

"이 발자국, 방향이 시신 발견 장소에서 나온 방향이야. 이 돌을 이 방향으로 밟았다는 건 시신이 있었던 이 자리에서 저쪽으로 갈 때만 가능하지. 한 마디로 시신 주위의 땅을 밟았다는 말인데, 보다시피 이곳은 길이 없어서 사람들이 잘 드나들지 않는 수풀이잖아."

"그럼 이 발자국이 누구 거라는 거야?"

요리의 물음에 달곰이가 대답했다.

"누군가 양승기를 사망봉에서 민 다음, 죽었는지 확인하려고 온 게 아닐까? 아, 유서! 자살로 보이게끔 유서를 넣으려고 온 거야. 어때?"

듣고 보니 가능한 일이었다. 유서에서는 어떤 지문도 발견되지 않았다. 그것이 참 이상하다고 생각했는데, 그렇다면 범인은 지문을 남기지 않기 위해 장갑 같은 것을 끼고 유서를 만졌을까? 달곰이가 덧붙였다.

"지난주 목요일에 사건이 일어났잖아. 그런데 그 전날인 수요일 밤에 비가 많이 왔었거든. 그러니까 분명히 흙은 진흙이 되어 있었을 테고, 범인이 땅을 밟았다면 흙이 신발 바닥에 잘 달라붙었을 거야."

"좋아. 그럼 사진 찍고 길이를 재 보자."

요리는 잽싸게 발자국 사진을 찍고, 달곰이는 발자국 길이를 쟀다. 발자국 길이는 270mm였다.

"일단 피해자 주변 인물 중에서 발 치수가 270mm인 사람을 찾아보자. 그리고 신발 바닥의 모양은 회사마다 제품마다 다르니까, 바닥의 모양을 보고 이 신발이 어떤 제품인지 찾아보는 거야. 어때?"

"오, 그래! 그거 정말 좋은 생각이다."

둘은 돌아오자마자 찍어 온 사진을 확대했다. 그런데 한참 사진을 뚫어지게 보던 요리가 소리쳤다.

"이것 봐. 로고가 찍혀 있어."

요리가 가리키는 위치를 보니, 발자국에 운동화 회사의 로고가 살짝 찍혀 있는 것이 아닌가! 그것도 그 유명한 '니발로'의 로고가. 니발로 사에 사진을 보내 알아본 결과, 발견된 운동화 바닥의 모양은 니발로 사에서 올림픽을 기념해 내놓은 한정판 운동화인 '올림피아'의 것으로, 이 운동화는 한 켤레에 30만 원이 넘는 고가의 제품이었다. 달곰이의 입이 쩍 벌어졌다.

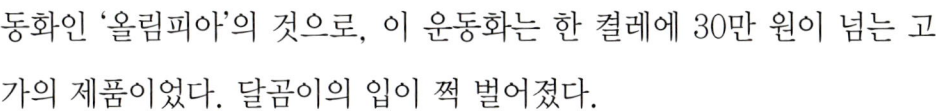

"3, 30만 원이 넘는다고? 진짜 부자인가 보다."

이 발자국의 주인이 달곰이와 요리의 추리대로 양승기를 죽인 범인이라면, 범인은 생각보다 쉽게 잡힐지도 모른다.

 신발 주인을 찾아라

조사해 보니 양승기의 주변 인물 중 올림피아 신발을 가지고 있는 사람은 딱 두 명. 차석훈과 길정현이라는 사람이었다. 워낙 비싼 한정품이라, 신발이 나오자마자 사서 신고 온 두 사람에게 친구들의 관심이 쏠렸었다고 한다. 그렇다면 역시 차석훈이 유력한 용의자가 아닐까?

그때였다. 전화벨이 요란하게 울렸다. 도사 경찰서 최 반장이었다.

"뭐? 목격자가 있다고?"

지난주 목요일에 양승기를 본 사람이 나타난 것이다.

"가끔 명악산에 가거든요. 지난주 목요일에도 갔었죠. 평일 새벽이라 사람이 거의 없었어요. 그런데 앞에 젊은 사람 둘이 올라가더라고요."

"둘이요?"

모두 다 소리를 질렀다. 양승기는 산에 혼자 가지 않았던 것인가?

"네. 한 사람은 삐쩍 마르고 키가 큰 게 훤칠하고 잘생겼더라고요. 아, 안경을 쓰고 있었어요. 검은색 뿔테 안경."

"양승기 맞네요. 그리고 또 한 사람은요?"

"키가 좀 작고 뚱뚱한 편이었어요. 얼굴이 하얗고. 키 큰 사람은 성큼성큼 올라가는데, 그 사람은 산에 처음 왔는지 영 못 올라갔어요. 키 큰 사람이 앞에서 끌고 뒤에서 밀면서 올라갔어요. 그러다 갈림길이 나와서 전 영생봉으로 올라가고 둘은 사망봉으로 올라갔지요."

키 작고 뚱뚱하고 얼굴이 하얀 사람. 그렇다면 차석훈은 아니다. 차석훈은 키는 작지만 상당히 마른 편이다. 그렇다면 그 사람은 도대체 누구일까? 그때, 요리에게 번쩍 생각나는 것이 있었다.

"올림피아 신은 사람, 또 한 명 있다고 했잖아!"

"맞다! 이름이 뭐였지?"

"길정현이요."

"좋아, 그럼 일단 길정현에 대해서 자세히 알아보자고. 친구랑 간 것은 확실한 거 같으니!"

그래서 알아본 결과, 길정현은 양승기와 고등학교, 대학교 동창. 그런데 길정현은 올해 유급되어 아직 본과 3학년이었다. 의외로 아주 가까운 인물이 있었던 것이다. 게다가 목격자의 말대로 키가 작고 뚱뚱하며 얼굴이 하얗다니, 모두 마음이 다급해졌다.

"찾아봐, 빨리!"

박 교장의 명령에 경찰이 급히 길정현의 집으로 갔다. 그러나 그는 여행간다는 전화 한 통화만 왔을 뿐 행방이 묘연했다. 결국 전국에 수배령이 내려졌다. 다음 날 남해의 별장에 있는 길정현을 체포했는데, 며칠 동안 술만 마셨는지 제정신이 아닌 듯했다. 달곰이는 먼저 길정현의 신발을 살펴보았다. 맞다! 니발로의 올림피아. 어 형사가 물었다.

"그날 양승기와 함께 산에 올라간 거 맞죠? 목격자가 있으니까 거짓말 하지 마세요."

길정현은 흐릿한 눈으로 어 형사를 올려다보더니, 픽 웃으며 말했다.

"네. 맞아요. 새벽에 도서관에 가다가 만났습니다. 요즘 통 잠도 안 오고 힘들다고 했더니 갑자기 산에 가자고 했습니다."

"양승기가 먼저 가자고 했다고요?"

"네. 솔직히 전 산 좋아하지 않아요. 아버지는 저만 보면 뚱뚱하다고 운동 좀 하라고, 승기처럼 산에 다니라고 하시지만 저는 산 싫어해요."

"그런데 왜 따라갔죠?"

"승기가 가자고 해서. 승기가 하는 거 하면 아버지도 좋아하시니까."

박 교장은 길정현의 마음이 아버지에 대한 원망으로 가득 차 있다는 것을 알 수 있었다. 박 교장은 좀 부드러운 말투로 물었다.

"그래서 같이 사망봉까지 올라갔나요?"

"네. 그리고 승기가 봉우리 끝에 서서 야호를 외쳤어요. 저도 따라 했지요. 그런데……."

길정현은 더 이상 말을 잇지 못하고 고개를 떨구었다. 모두 숨을 죽이고 쳐다보았는데, 잠시 후 길정현은 갑자기 고개를 들며 말했다.

"승기가 떨어졌어요."

"떨어졌다고요? 스스로?"

"네. 그냥 자기가 떨어졌어요."

길정현의 말이 사실이라면 정말 처음 예상대로 자살이란 말인가? 그러자 요리가 물었다.

"그런데 왜 시신을 보러 가셨나요? 왜 바로 신고를 안 하셨죠?"

"아니야. 나, 난 거기 안 갔어. 정말이야. 무서워서 바로 내려왔어."

그러자 어 형사가 날카로운 목소리로 다그쳤다.

"이거 보세요, 길정현 씨! 친구가 눈앞에서 떨어졌는데 그냥 무서워서 내려왔다고요? 그리고 신고도 안 하고 며칠씩 숨어 있었다. 말이 됩니까? 그리고 시신 바로 옆 돌에서 당신 신발 자국이 나왔어요!"

"아니에요. 전 정말 안 갔어요. 그리고 그, 그게 제 신발인지 어떻게 알아요? 저만 이 신발을 산 것도 아니잖아요. 전 정말 아니에요."

달곰이는 가만히 길정현의 신발을 쳐다보며 생각했다.

'길정현이 그곳에 갔었다는 확실한 증거가 필요하다. 그게 뭘까?'

그때였다. 달곰이의 눈에 번쩍 뜨이는 것이 있었다. 길정현의 신발 앞코에 초록색 물감 같은 것이 묻어 있는 것이다.

'혹시 이끼?'

계곡 쪽에는 이끼가 많다. 그것이 신발에 묻은 게 아닐까? 가만! 사건이 일어난 날은 흙이 젖어 있었으니 신발 밑바닥의 홈에도 이끼나 흙이 잘 끼였을 것이고, 신발을 빨지 않았다면 조금쯤 남아 있을 것이다.

"신발 좀 벗어서 보여 주실래요? 신발에 묻은 흙 좀 조사하려고요."

"흙? 흙을 왜?"

달곰이의 말에 어 형사가 물었다.

"우리 주변에는 눈에 보이지 않아 현미경으로만 볼 수 있는 작은 생물들이 참 많잖아요. 흙 속에는 아주 작은 벌레에서부터 세균에 이르기까지 수많은 생물들이 살고 있어요. 그리고 어떤 생물들이 사는지는 그 흙이 어디에 있느냐에 따라 다 다르죠. 예를 들어 운동장 흙에 사는 생물과 화단 흙에 사는 생물은 종류가 꽤 많이 다르거든요."

요리는 이제야 달곰이가 무엇을

> **세균이란?**
>
> 하나의 세포로 이루어진 단순한 생물로, '박테리아'라고도 해. 보통 지름이 1cm의 30만 분의 1에서 2000분의 1 정도로, 현미경을 통해서만 볼 수 있어. 대부분 죽은 생물을 먹고 사는데, 양분을 만드는 세균도 있어. 세균은 지구상의 모든 곳에 살고 있는데 특히 양분이 많은 흙이나 물속에 많아. 사람의 몸속에 사는 세균도 있지. 물질 1g 속에는 30억 개 이상의 세균이 들어 있다고 해. 대단하지?

하려는지 알 것 같았다.

"그러니까 신발 밑바닥에 남아 있는 흙을 분석해서, 시신이 발견된 주변의 흙과 비교해 보겠다는 거지?"

"응. 같은 종류의 작은 생물이 나온다면 같은 장소의 흙이라고 할 수 있어. 그렇다면 길정현 씨가 그곳에 갔다는 명백한 증거가 되지."

달곰이의 말에 길정현의 얼굴은 사색이 되었다. 그리고 길정현의 신발에 묻은 흙을 조사했더니, 달곰이의 예상대로 흙 속에 있는 작은 생물의 종류가 시신을 발견한 곳의 생물과 똑같다는 결과가 나왔다. 신발 앞쪽에 묻은 초록색 물감 같은 것도 시신 옆에 있는 나무 밑의 이끼와 같다는 것이 밝혀졌다. 이제 남은 것은 길정현의 자백뿐이었다.

"흑흑흑. 그래요. 내가 죽였어요. 가기 싫다는 산을 억지로 끌고 가는 승기가 정말 미웠어요. 아버지처럼 미웠어요. 아버지는 언제나 승기만 예뻐하시고 나는 바보 취급을 하셨죠. 뭐든지 승기만 따라 하면 된다고 하셨어요. 그래서 난 의사가 되고 싶지 않았는데도 할 수 없이 승기를 따라 의대에 갔죠. 그러니 공부하고 싶었겠어요? 결국 올해 유급을 당하자 아버지는 날 사람 취급도 안 하셨어요."

길정현의 아버지인 석병원 길병석 원장은 그동안 가난하지만 똑똑한 양승기에게 장학금을 주며 특별히 아껴 왔다고 한다. 그러면서 자신의 욕심을 채워 주지 못한 아들인 길정현에게는 모질게 굴었던 것이다.

"그렇다고 사람을 죽여요?"

"죽이려고 한 건 아니에요. 솔직히 죽고 싶었던 건 나였어요. 그런데 승기가 사망봉 끝에 서서 야호를 외치는데, 만약 승기가 없었다면 어땠을까, 그랬으면 지금보다는 낫지 않았을까 하는 생각이 들었어요. 그래서 나도 모르게……. 흑흑흑."

그렇게 양승기가 떨어져 죽자, 길정현은 당황한 나머지 도망치듯 산을 내려왔다고 한다. 그러나 잠시 후 자살로 위장하기로 결심, 근처 PC방에서 유서를 작성한 다음 양승기의 옷에 넣었다는 것이다. 물론 지문을 남기지 않기 위해 비닐장갑을 끼는 치밀함도 발휘했다.

사건의 전말을 전해 들은 길 원장은 후회의 눈물을 흘렸다. 자신이 아들에게 얼마나 가혹했는지, 아들에게 지난 시간이 얼마나 힘든 시간이었는지 이제야 알게 된 것이다. 그러나 때는 이미 너무 늦었다.

박 교장은 마음이 쓰렸다. 어려운 환경 속에서도 열심히 살았던 양승기의 어이없는 죽음도 그렇고, 겉으로는 모두 다 가진 부유한 환경에서 자랐지만 늘 외롭고 힘들었을 길정현도 그렇고……. 친구고 가족이고 서로를 진심으로 이해하고 사랑하는 것이 참 어렵다는 생각이 들었다. 그리고 요리, 달곰이, 혜성이, 영재, 아이들 모두가 밝고 건강하게 커 주는 것이 왠지 참 고맙다는 생각이 들었다.

달콤이가 들려주는
사건 해결의 열쇠

'자살일까? 타살일까?' 명악산에서 발견된 피해자의 죽음이 자살이 아닌 타살이었다는 것을 밝혀내는 데 결정적인 역할을 한 사건 해결의 열쇠는 바로 흙과 작은 생물에 대해 잘 아는 거야.

💡 작은 생물이란?

우리 주변에는 수많은 생물들이 살고 있어. 보통 우리는 '생물'이라면 눈에 보이는 것들만 생각하지만 그렇지 않아. 우리보다 아주 작은 생물도 많고, 우리 눈에 보이지 않을 정도로 작은 생물인 '미생물'도 아주아주 많거든.

특히 미생물은 아주 오랜 옛날부터 존재해 왔지만, 네덜란드의 과학자인 레이우엔훅이 1674년에 자신이 만든 현미경을 이용해 처음으로 발견하면서 세상에 알려졌어. 그때 그는 이렇게 소리쳤대.

"아주 작은 생물이 물속에서 빙빙 헤엄치며 돌고 있어!"

작은 생물들은 거의 모든 곳에서 살아. 물에서도 살고 땅에서도 살지. 장 속에 사는 세균인 대장균처럼 우리 몸속에 사는 작은 생물도 있어.

흙을 기름지게 하는 지렁이나 요구르트를 만드는 젖산균처럼 우리에게 유용한 작은 생물도 있고, 전염병이나 식중독을 일으키는 세균처럼 우리에게 해로운 작은 생물도 있어.

💡 땅에 사는 작은 생물

땅에는 작은 생물들이 아주 많이 살아. 이 생물들은 주로 땅에 떨어진 죽은 생물을 분해해서 먹고 사는데, 이 과정에서 땅에 유기물을 공급해서 땅을 기름지게 하지. 지렁이나 달팽이, 쥐며느리 등 눈에 보이는 작은 동물도 있고, 스스로 양분을 만들어 살아가는 이끼류도 있고, 곰팡이나 버섯처럼 스스로 양분을 만들지 못하는 작은 생물인 균류도 있지.

자, 그럼 몇 가지 중요한 생물들만 좀 더 알아볼까?

1. 지렁이

비 오는 날이면 땅속을 비집고 나오는 지렁이들을 볼 수 있지? 지렁이는 몸이 가늘고 길며, 여러 개의 고리 모양 마디로 몸을 움츠렸다 폈다 하면서 앞으로 나아가지. 지렁이는 흙 속을 왔다 갔다 하면서 구멍을 뚫어 흙 속에 공기가 들어오게 함으로써 식물 뿌리와 다른 작은 생물들의 호흡을 도와줄 뿐만 아니라, 지렁이가 흙 속의 유기물을 먹고 난 배설물은 흙을 기름지게 해 주는 등 이로운 동물이야.

〈지렁이〉

2. 쥐며느리

쥐며느리는 몸길이 약 11mm로, 몸의 모양은 납작하고 길쭉한 타원형이야. 보통 낙엽이나 돌 밑, 집 주위의 쓰레기, 화단의 돌 밑 등 습한 곳에 무리 지어 살아. 주로 썩은 식물을 먹고 살지.

〈쥐며느리〉

3. 이끼류

이끼류는 주로 그늘지고 습기가 많은 곳의 부드러운 흙에 모여 사는 생물로, 다른 풀이나 나무와 달리 꽃을 피우지 않고 열매도 맺지 않아. 하지만 몸속에 있는 엽록소를 이용해 광합성을 해서 필요한 양분을 만들지. 종류는 수만 가지나 되지만 흔히 볼 수 있는 것은 나무줄기에 솔잎이 달려 있는 모양을 하고 있는 솔이끼와 우산 모양의 우산이끼야.

〈솔이끼와 우산이끼〉

4. 균류

균류는 한마디로 구조가 간단하고 엽록소가 없어 양분을 스스로 만들 수 없는 생물을 말해. 대표적인 것이 효모, 곰팡이, 버섯이지. 대부분 따뜻하고 습기가 많은 곳을 좋아하고, 스스로 양분을 만들지 못하기 때문에 동식물 또는 다른 균류에 기생하거나 다른 생물의 사체나 배설물에 기생해.

그중에서 곰팡이는 우리 생활에 도움을 주기도 해. 메주에 핀 누룩곰팡이는 간장을 만드는 데 이용돼. 푸른곰팡이로는 몸속에 들어온 세균을 죽이는

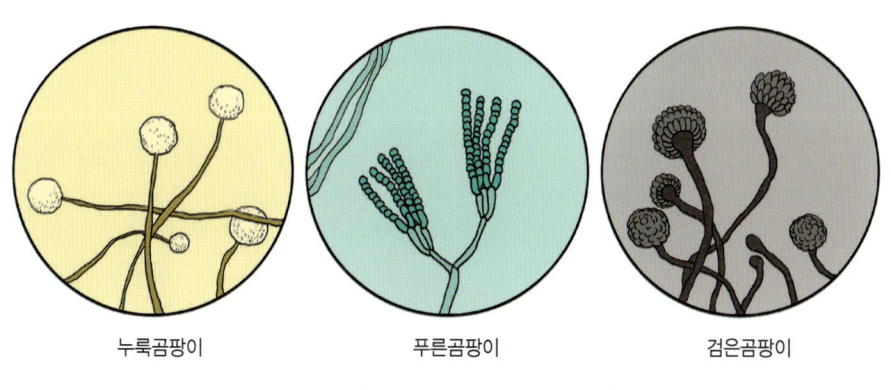

누룩곰팡이　　　　　푸른곰팡이　　　　　검은곰팡이

〈곰팡이의 종류〉

항생제인 페니실린을 만들지. 검은곰팡이는 술 만드는 데 쓰여.

5. 세균

　세균은 죽은 식물이나 동물의 몸을 썩게 해 주기 때문에 인간뿐만이 아니라 생물 전체에 있어서 매우 고마운 존재야. 만약 세균이 뒤처리를 해 주지 않으면 지구에는 죽은 생물이 가득 쌓여서 발 디딜 틈도 없게 될 거야.
　세균 중에는 우리에게 해로운 것도 있지만 유익한 것도 많아. 예를 들어 젖산균이라는 세균은 우유를 이용해 치즈나 요구르트를 만들어 주고 김치를 익게 하는 유익한 세균이라고 할 수 있지.

　그러니까 잘 생각해 봐. 흙에는 여러 가지 작은 생물들이 살고 있는데 그 종류와 수는 환경에 따라 다 다르지. 그러니까 신발 밑바닥에 남아 있는 흙과 시신이 발견된 곳의 흙을 비교해 보면, 같은 흙인지 아닌지 알 수 있겠지? 만약 같은 흙이라면 범인이 그곳에 갔었다는 명백한 증거가 되는 거야. 어때, 이젠 알겠지?

■ 핵심 과학 원리 – 기체의 성질

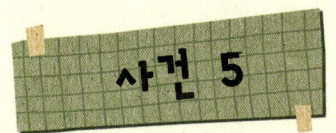

뉴욕 CSI에 가다

"그렇지? 그런데 그 남자, 조금 전에 여기서 봤어. 이상하지?"
"여기서?"
달곰이도 약간 섬뜩한 느낌이 들었다. 그리고 지금 본 장면들이
왠지 우연이 아닌 것 같은 직감이 들었다.

✈ 미국 연수를 가다!

"정말이요? 정말이에요?"

개학식이 끝나자 교장실에서는 난리가 났다. 2주일 동안의 경찰서 체험 기간 동안 각자 자신의 역할에 충실했던 점, 그리고 풀기 어려운 사건을 맡아 모두 잘 해결한 점 등을 높이 사 경찰청장이 특별히 미국 연수를 허락한 것이다. 그것도 '뉴욕 CSI'로.

"우아, 이게 웬 떡이냐! 드디어 내가 미국에 가는구나! 자유의 여신상아, 기다려라! 내가 간다, 으하하하!"

어째 아이들보다 어 형사가 더 신 난 것 같으니, 하기야 미국은커녕 외국에 간 적이 한 번도 없다는데 어쩔 수 없지 않은가.

"내일 모레 아침 10시 비행기로 출발한다. 각자 알아서 짐 잘 챙기도록!"

"네!"

모두 신 나서 큰 소리로 대답한다. 박 교장은 한 달 새에 부쩍 커진 듯한 아이들이 마냥 대견스럽게 느껴졌다. 또, 아이들도 실제로 참 많은 것을 배운 시간이었다. 현장에서 뛰는 형사들이 많은 일을 한다는 것,

그 일 하나하나가 모두 쉽지 않으며 중요하다는 사실을 깨달았다.

그런데 거기에 예상치도 못한 상이 내려졌으니, 특히 '뉴욕 CSI'는 세계적으로 유명한 멀 그러삼 반장이 있는 곳. 어찌 흥분되지 않겠는가!

뉴욕에 도착하다

그리고 이틀 후, 13시간이 넘는 비행 끝에 드디어 박 교장 일행은 미국 뉴욕의 존 F. 케네디 국제공항에 도착했다. 설레는 마음으로 입국 절차를 마치고 나오니, 이게 누군가!

"교장 쌤, 어서 오세요. 환영합니다."

"오, 그래, 코단. 잘 있었니? 건강해 보이는구나!"

바로 어린이 형사 학교 출신으로 지금은 미국에서 명탐정으로 이름을 날리는 코단이 마중을 나온 것이다. 그동안 코단이 해결한 사건들은 일일이 세기도 힘들 정도. 그것도 남들이 해결하지 못한 어려운 사건만 맡아 척척 해결하니, 범죄자들이 아주 무서워하는 사람 중 하나라고 해도 과언이 아니었다. 그러니 아이들에게는 우상이나 다름없는 존재.

서로 반갑게 인사를 나누고 있는데, 아니, 이 사람은 또 누군가. '뉴욕 CSI'의 멀 그러삼 반장이 아닌가!

"환영합니다. 어서 오세요."

"바쁘실 텐데 마중 나와 주셔서 정말 감사합니다."

박 교장이 인사를 하자, 멀 그러삼 반장은 호탕하게 웃으며 말했다.

"하하하, 뭘 그러세요. 하나도 안 바쁩니다. 그리고 한국 최고의 어린이 형사대가 온다는데, 당연히 마중을 나와야죠."

역시 대가에게서 느껴지는 여유로움이랄까? 멀 그러삼 반장에게는 박 교장과 같은 특유의 여유로움이 느껴졌다.

"자, 일단 호텔에 짐부터 풀까요? 가만, 우리 어린이 형사들은 뭘 보고 싶은가? 놀이동산? 아니면 브로드웨이 뮤지컬?"

그러자 혜성이가 꽤 유창한 영어로 대답했다.

"아니요. 제일 먼저 반장님이 계신 '뉴욕 CSI'에 가 보고 싶습니다."

그러자 멀 그러삼 반장은 다시 크게 웃으며 말했다.

"하하하하! 역시 소문대로군요. 하하하하."

멀 그러삼 반장은 한국의 경찰로부터 '어린이 과학 형사대 CSI'의 어린이 형사들이 연수를 온다는 소식을 듣고 큰 기대를 했다. 어린이 과학 형사대라면 아직 미국에 없는 단체이고, 그동안 해결한 사건들을 들어 보니 아이들이라고는 할 수 없는 만만치 않은 실력을 갖추고 있었기 때문이다. 게다가 그 학교 출신인 명탐정 코단으로부터 여러 번 도움을 받아 온 터라, 그의 후배들에게 은근히 더 기대가 되었다.

바로 그때였다. 갑자기 달곰이가 얼굴이 홍당무가 되더니 말했다.

"저……. 화장실 좀……."

왠지 모를 긴장감이 흐르던 터라 모두 웃음을 터뜨렸다.

"그래. 빨리 갔다 와. 찾아갈 수 있겠니?"

박 교장이 물었다.

"그럼요."

달곰이는 얼른 대답하고는 냅다 화장실을 찾아 달렸다. 그런데 갑자기 쿵! 누군가와 부딪치면서 뒤로 벌렁 나자빠지고 말았으니, 도대체 누구기에 그래도 한 체격 한다는 달곰이가 그대로 나자빠졌을까?

달곰이가 쳐다보니, 검은 선글라스를 낀 엄청나게 크고 단단한 체격의 흑인이 떡하니 버티고 서 있었다. 게다가 반팔 셔츠 사이로 살짝 보이는 특이한 문신까지! 달곰이는 순간 잘못 걸렸다는 생각이 들었다. 앞도 안 보고 무조건 뛴 건 자신의 잘못이므로, 달곰이는 얼른 정중히 사과했다.

"아이 엠 쏘리!"

다행히 남자는 달곰이를 슬쩍 쳐다보고는 지나쳐 갔다.

"휴!"

십년감수한 느낌. 뒤늦게 뛰어온 요리가 물었다.

"괜찮니?"

허, 참! 지금 괜찮을 리가 있는가, 화장실 급해 죽겠는데!

'뉴욕 CSI'에 가다

일행은 뉴욕 맨해튼 5번가에 있는 파이브 호텔에 짐을 풀었다. 그리고 바로 뉴욕 CSI 본부로 향했는데, 꽤 큰 규모였다. 층마다 첨단 과학 수사에 필요한 여러 가지 분석 기계들이 있고, 전 세계의 경찰을 잇는 연결망이 갖추어져 있었다. 또, 그동안 미국 내에서 벌어진 모든 사건들을 영문 첫 글자만 입력해도 찾을 수 있는 데이터베이스가 구축되어 있으니, 체계적으로 신속하게 사건을 해결할 수 있겠다는 생각이 들었다.

뉴욕 CSI 형사들은 모두 분주한 모습이었지만 그래도 일행이 지나갈 때마다 "Hi!"라는 인사와 함께 깊은 관심을 나타냈다. 모두 어린이 과학 형사대가 온다는 말을 듣고 기다리고 있었다면서…….

그렇게 화기애애한 분위기로 본부 곳곳을 구경하는데, 갑자기 띠띠띠띠 하는 소리가 들렸다. 멀 그러삼 반장에게 전화가 온 것이다. 멀 그러삼 반장은 얼른 휴대 전화를 받았다.

"어, 그래. 알았어. 갈게."

아무래도 긴급한 사건이 벌어진 듯했다.

"어쩌죠? 제가 요즘 쫓고 있는 사건이 있는데, 급한 연락이 왔네요."

"그럼 얼른 가 보셔야지요. 구경 잘했습니다."

박 교장이 얼른 대답하자, 멀 그러삼 반장은 모두에게 인사를 했다.

"자, 그럼 이따가 파티에서 만납시다."

예상치도 않았는데, 오늘 저녁 '어린이 과학 형사대 CSI'가 뉴욕에 온 것을 환영하기 위해 뉴욕 경찰청장이 주최하는 환영 파티가 열린다고 하니, 그저 감사할 따름이었다. 파티에는 '뉴욕 CSI' 형사들뿐 아니라 명탐정으로 활약하는 사람들도 상당수 참석할 예정이라고 하니, 유명 스타 시상식이 부럽지 않은 화려한 별들의 잔치가 될 것이다.

일행이 뉴욕 CSI 본부를 나선 시간은 오후 3시. 아직 파티까지는 3시간 정도가 남았다. 코단이 물었다.

> **데이터베이스란?**
>
> 여러 가지 업무에 공동으로 필요한 데이터(정보)를 조직적으로 모은 것을 말해. 주로 컴퓨터에 저장하지. 데이터가 중복되는 문제를 없앨 수 있고, 사용자가 원하는 조건에 맞는 정보를 쉽게 찾을 수 있다는 장점이 있어. 간단한 주소록부터 시작해 사원 명부 관리, 도서 목록 관리, 제품의 생산 실적 관리 등 다양한 곳에 쓰이고 있지.

"잠시 맨해튼 구경이나 해 볼까? 꼭 가고 싶었던 곳 있니?"

그러자 저마다 한마디씩 난리가 났다.

"엠파이어 스테이트 빌딩이요. 브로드웨이요! 센트럴 파크요!"

그런데 영재는 한참을 생각하더니 조용히 말했다.

"영화 '투모로우'에 나온 그 도서관 있잖아요. 거기 가 보고 싶어요."

아, 뉴욕 공립 도서관! 아이들은 가고 싶은 곳도 많았다. 좋아, 그럼 먼저 엠파이어 스테이트 빌딩으로 출발!

한편, 그 시간 멀 그러삼 반장은 오랫동안 기다리고 기다리던 소식을 들었다. 지난 석 달 동안 뉴욕 CSI는 멀 그러삼 반장의 지휘 아래 뉴욕 마피아의 불법 자금 유통에 대한 수사를 계속해 왔다. 그동안 뉴욕 마피아는 곳곳의 카지노와 음식점 등을 장악하고 주민들을 계속 괴롭혀 왔는데, 워낙 교묘하게 법망을 빠져나가는 바람에 제대로 단속하지 못했다.

그러던 중, 얼마 전 뉴욕 마피아의 대부인 잭 스미스가 마약 밀매로 엄청난 돈을 벌어 왔다는 정보를 입수하고 단서를 잡기 위해 동분서주했는데, 방금 결정적인 단서를 잡았다고 연락이 왔다. 지난 석 달간 공들인 수사가 결실을 맺는 순간. 이제 잭 스미스를 체포하기만 하면 된다.

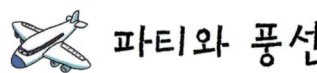 파티와 풍선

어린이 과학 형사대의 환영 파티는 형사대가 짐을 푼 파이브 호텔 1층

에서 열린다. 시간이 많지 않아서 일단 엠파이어 스테이트 빌딩과 브로드웨이를 구경하고 돌아온 아이들은 각자 준비한 정장으로 갈아입었다.

그러고 나니, 파티가 시작하기까지는 30분 정도 남았다. 아이들은 호텔 1층 로비로 내려갔다. 1층 로비에 여러 가지 예쁜 물건들을 파는 기념품점이 있었기 때문이다.

그런데 아이들이 막 엘리베이터에서 내리는 순간 요리의 눈에 들어온 사람이 있었으니, 어디선가 본 듯한 얼굴의 흑인. 요리는 누굴까 생각했다. 그러자 번쩍 떠오르는 모습!

'그래! 아까 공항에서 달곰이가 부딪힌 바로 그 남자야. 그런데 여기서 또 만나네.'

넓고 넓은 뉴욕에서 그것도 하루에 두 번이나 만나다니, 요리는 참 이상한 일이라는 생각이 들었다. 그런데 잠깐 사이 남자는 어디론가 싹 사라져 버렸다. 바로 그때였다.

"와, 풍선이다!"

아이들이 일제히 소리를 질렀다. 두 남자가 엘리베이터 한가득 커다란 장식용 풍선을 가지고 올라온 것이다. 알록달록한 색과 갖가지 모양의 풍선을 보니 아이들은 신이 났다. 게다가 어디로 가나 봤더니 잠시 후 열릴 환영 파티장으로 가는 것이 아닌가!

"우리가 온다고 특별히 준비한 건가 봐."

"저 풍선 진짜 크지? 꼭 비행접시 같아."

저마다 한마디씩 하고 있는데, 파티장 안에서 파티 플래너인 듯한 여자가 나오더니 고개를 갸우뚱하며 말했다. 약간 이상한 분위기.

"이런 풍선, 주문한 적 없는데요."

그러자 풍선을 가져온 두 남자 중 한 남자가 말했다.

"멀 그러삼 반장님이 특별히 주문하신 겁니다."

"아, 예. 그럼 들어오세요."

역시 멀 그러삼 반장님, 최고! 파티도 최고로 멋질 거라는 기대감에 아이들의 마음도 풍선처럼 둥둥 떠오르는 것 같았다.

"빨리 기념품점에 가 보자."

그 순간이었다. 요리는 무심코 파티장으로 풍선을 들여가는 한 남자의 팔을 보았다. 그런데 팔에 그려진 문신이 눈에 들어왔다. 공항에서도 보고 호텔에서도 본 그 남자의 문신과 똑같은 것이 아닌가.

'신기하네. 요즘 유행하는 문신인가?'

하지만 요리는 괜히 마음이 쓰였다. 그래서 달곰이에게 속삭였다.

"달곰아, 저거 봐."

"어? 뭐?"

"문신."

달곰이도 그 문신을 기억했다.

"아까 공항에서 본 무섭게 생긴 남자랑 똑같은 문신이네."

"그렇지? 그런데 그 남자, 조금 전에 여기서 봤어. 이상하지?"

뉴욕 CSI에 가다

"여기서?"

달곰이도 약간 섬뜩한 느낌이 들었다. 그리고 지금 본 장면들이 왠지 우연이 아닌 것 같은 직감이 들었다.

요리와 달곰이는 혜성이와 영재를 불렀다. 그리고 공항에서 만난 흑인 남자와 지금 본 남자들의 팔에 새겨진 문신에 대해 말해 주었다. 그러자 두 사람도 이상하다고 했다. '돌다리도 두들겨 보고 건너라.'는 말이 있지 않은가! 일단 그 문신이 무엇인지 알아보자고 의견을 모았다.

혜성이와 영재는 풍선을 나르는 남자들에게 다가가 팔에 새겨진 문신의 모양을 눈치 채지 못하도록 눈에 익힌 후, 호텔의 멀티미디어실로 갔다. 그 문신이 무엇을 뜻하는지 인터넷으로 알아보기 위해서였다.

그사이 요리와 달곰이는 박 교장과 어 형사를 찾았다. 예상치 못한 일이 벌어질 지도 모르니 미리 이야기해야 할 것 같았다. 눈치 빠르고 감각이 탁월한 요리를 믿는지라 박 교장은 얼른 멀 그러삼 반장에게 전화했다. 그러나 멀 그러삼 반장은 전화를 받지 않았다. 그래서 다른 형사에게 수상한 남자의 인상착의를 말해 주고, 조사해 달라고 부탁했다. 그리고 멀 그러삼 반장에게는 전화했다는 말을 꼭 전해 달라고 했다.

✈ 문신의 뜻은?

박 교장은 손님들을 맞이하기 위해 먼저 파티장으로 들어가고, 어 형사와 요리, 달곰이는 각자 흩어져 파티장 주변을 돌며 수상한 점이 더 있는지 찾아봤다. 이제 파티 시작까지는 10분. 초대받은 사람들이 꽤 많이 모였다. 다행히 파티장 주변에는 눈에 띄는 위험이 없어 보였다.

아이들은 어 형사를 따라 안으로 들어갔다. 조금 전에 배달된 풍선들이 단상 근처에 집중적으로 장식되어 있고, 커다란 3단 케이크가 파티장 앞쪽에 떡하니 자리하고 있었다. 아무리 멀 그러삼 반장이 보낸 풍선이라 해도 요리는 좀 마음에 걸렸다. 과도하게 큰 풍선들이 전체적인 분위기에 걸맞지 않게 영 어색해 보였기 때문이다.

잠시 후, 혜성이와 영재가 돌아왔다. 둘은 요리와 달곰이에게 밖으로 나오라는 눈짓을 했다. 그러고는 다급한 목소리로 말했다.

"마피아야. 뉴욕 마피아 문신."

"그들이 뉴욕에서 운영하는 카지노의 로고와 같은 모양이야."

이런, 말로만 듣고 영화에서만 보던 바로 그 마피아란 말인가. 그런데 왜 마피아가 자꾸 우리 주변에 나타나지? 그것도 환영 파티에…….
아이들은 불안한 생각이 들었다. 아까 파티 플래너는 분명히 풍선을 주문한 적이 없다고 말했고, 풍선을 배달한 남자는 멀 그러삼 반장이 보낸 거라고 했다. 그럼 더 이상하지 않은가!

왜 멀 그러삼 반장이 마피아를 시켜서 풍선을 보낸단 말인가.

"그건 둘러댄 말일 테고, 오늘 파티에 참석하는 사람 중 누군가를 노리는 것이 분명해."

혜성이가 자신의 생각을 말했다.

"누구지?"

요리와 영재가 동시에 물었다.

"글쎄……. 아무래도 마피아와 관련이 있는 사람일 텐데, 그게 누군지 알아야 막지."

모두 답답한 심정이었다.

"빨리 교장 쌤과 어 형사님께도 이 사실을 알려야 해."

요리가 다급하게 말했다. 바로 그때였다. 안내 방송이 울려 퍼졌다.

"지금부터 한국에서 온 '어린이 과학 형사대 CSI'의 환영 파티를 시작하겠습니다. 파티장 밖에 계신 손님들은 안으로 들어와 주십시오."

"어떡하지? 시작하려나 봐. 교장 쌤은 어디 계시지?"

"어 형사님은?"

아이들은 다급한 마음에 파티장으로 뛰어 들어갔다.

파티가 시작되다

그 시간, 박 교장도 아이들과 어 형사를 찾고 있었다. 파티 시작 전에 오늘 파티를 열어 준 뉴욕 경찰청장과 인사를 나누어야 하기 때문이다. 안내 방송이 들리자, 사방에서 아이들과 어 형사가 몰려왔다. 박 교장은 모두를 불렀다. 그리고 일행은 뉴욕 경찰청장과 인사를 나누었다.

"반갑습니다. 한국에서 활약이 대단하다고 들었는데, 기회가 있으면 그 솜씨를 한 번 보고 싶군요."

뉴욕 경찰청장의 말에 박 교장도 예의를 갖추어 인사를 했다.

"아닙니다, 대단하긴요. 저희를 위해 이렇게 환영 파티까지 열어 주셔서 진심으로 감사합니다."

모두 인사를 나누고 나니, 이제 자리에 앉을 시간. 하지만 아이들이나 박 교장, 그리고 어 형사까지 모두 마음이 편치 않았다.

드디어 환영 파티가 시작되고 제일 먼저 박 교장 일행에 대한 소개가 있었다. 한 사람씩 순서대로 일어나 간단한 인사를 마치자, 이번에는 뉴욕 경찰청장의 환영사. 잠시의 틈을 이용해 요리는 바로 옆에 앉은 어 형사에게 지금까지 알아낸 사실을 슬쩍 전했다.

"뭐? 마피아!"

어 형사가 적잖이 놀란 표정을 했다. 하지만 파티 중인데 티를 낼 수는 없는 일. 어 형사가 이를 살짝 박 교장에게 말하니, 박 교장은 알았다는 듯이 고개를 끄덕였다. 그러고는 어 형사에게 속삭였다.

"아까 그 남자 다시 찾아봐."

"네."

어 형사가 살며시 자리를 뜨자, 곧이어 박 교장이 감사 인사를 할 차례가 되었다. 아이들은 더 긴장하며 주위를 둘러보았다. 그러나 파티장에 모인 사람들은 아무도 이들의 긴장감을 모른 채 즐거운 표정이었다.

"안녕하십니까? 한국에서 온 어린이 형사 학교 교장 박춘삼입니다."

박 교장이 인사를 하자 박수가 터져 나왔다. 아직까지 별다른 움직임은 감지되지 않은 상태. 그러나 마피아가 과연 누구를 상대로 어떤 범죄를 계획하고 있는지, 그 어떤 것도 알지 못하니 참으로 답답하고 조급한 마음이었다.

그런데 바로 그때였다. 파티장을 둘러보던 요리의 눈에 들어온 것이 있었으니, 종업원이 손에 든 긴 가스라이터. 케이크에 불을 붙이기 위해 들고 들어온 것 같은데……. 게다가 케이크 근처에 서 있는 사람들 손에 저마다 들려 있는 것이 있으니, 바로 폭죽이었다.

'조금 있다가 케이크에 불을 붙이면서 터뜨릴 모양인데……. 어, 그런데 이건 또 뭐야?'

언제부터인지 모르지만 파티장의 커다란 풍선들이 천천히 위로 올라가고 있는 것이 아닌가. 누군가 풍선들을 맨 줄을 풀어 놓은 모양인데, 아뿔싸! 천장을 쳐다보니 온통 뾰족한 유리 장식! 그렇다면 풍선이 닿는 순간 펑! 터질 것은 당연한 일이었다.

'가만, 풍선이 터진다? 터진다!'

순간, 요리의 머릿속에는 번쩍! 뭔가 떠올랐다.

'그렇다! 풍선이 둥둥 뜨는 것으로 봐서 풍선 속에는 분명히 공기보다 가벼운 기체가 들어 있다. 보통은 안전한 헬륨을 넣지. 하지만 만약 헬륨이 아닌 수소가 들어 있다면? 그래! 그러면 정말 큰일이다. 풍선이 터지면 수소 기체가 방 안에 가득 찬다는 말인데. 그때 저 가스라이터가 켜지고 폭죽이 터진다면!'

그런데 어느새 박 교장의 인사가 끝나고 케이크에 꽂힌 초에 불을 붙이겠다는 사회자의 말이 나오는 것이 아닌가. 종업원이 가스라이터를 들고 점점 케이크로 다가가고, 사람들도 폭죽을 터뜨릴 준비를 한다. 그리고 풍선들은 거의 천장에 닿으려는 순간.

"안 돼!"

요리는 벌떡 일어나 무조건 가스라이터를 든 종업원에게 뛰어들었다. 순간, 요리 옆에 앉은 달곰이도 거의 동시에 종업원에게 뛰어들었다. 바로 다음 순간, 펑! 펑! 펑! 요란한 소리를 내며 풍선들이 동시에 터지는 것이 아닌가! 큰 폭발이 일어난 것으로 착각한 사람들은 폭죽 터뜨리는 것도 잊은 채, 서로 먼저 빠져나가겠다고 아수라장이 되었다. 그동안 달곰이는 종업원의 팔을 붙잡고 요리가 가스라이터를 빼앗았다.

"휴!"

달곰이가 안도의 한숨을 내쉬면서 쓰러진 종업원을 일으켜 주었다.

"무, 무슨 일이야?"

갑작스런 아이들의 행동에 당황한 종업원이 물었다. 박 교장과 영재, 혜성이, 그리고 코단도 놀라서 뛰어왔다.

"요리야, 무슨 일이야?"

"누나, 괜찮아? 안 다쳤어?"

혜성이와 영재가 놀라서 물었다. 그런데 뭐야! 요리만 챙겨 주고, 달곰이는 안중에도 없나? 하지만 지금은 그게 문제가 아니지!

"무슨 일이니, 요리야?"

박 교장이 묻자 요리는 다급한 목소리로 말했다.

"수소 폭발이요."

"뭐? 수소 폭발?"

모두 놀란 표정으로 있는데, 빠져나가는 사람들을 비집고 뒤늦게 멀 그러삼 반장이 뛰어 들어왔다.

"괜찮습니까? 다친 사람 없습니까?"

그러자 박 교장이 대답했다.

"네. 괜찮습니다. 수소 폭발이 일어날 뻔했는데 요리가 막았습니다. 자, 일단 수소 기체부터 빨리 빼 주세요."

유명한 수소 폭발 사건

1937년 독일의 수소 비행선 힌덴부르크 호가 미국 공항에 착륙하다가 불이 붙은 상태로 추락하는 사건이 발생했어. 힌덴부르크 호는 길이가 245m, 지름이 41m에 이르는 호화로운 대형 비행선으로, 대서양을 횡단하며 승객을 실어 날랐다고 해. 그런데 착륙을 시도하던 중, 비행선의 꼬리 부근에서 시작된 불길이 순식간에 비행선 전체로 번졌고 1분도 안 되어 추락했지. 그 이유는 비행선에 넣은 막대한 양의 수소가 밖으로 새어 나가면서 비행선 표면의 정전기로 인해 발생한 불꽃과 반응하여 폭발했기 때문인 것으로 밝혀졌어.

✈️ 마피아의 계략

박 교장의 요구대로 파티장에는 공기 정화 시스템이 가동되기 시작했다. 그전에 공기 중에 있는 수소의 농도를 재 보았더니 상당히 높은 수치가 나왔다. 게다가 아직 터지지 않은 나머지 풍선들에도 모두 수소가 채워져 있었다. 달곰이가 물었다.

"왜 헬륨 대신 수소를 넣은 거지?"

그러자 요리가 되물었다.

"왜 헬륨을 풍선에 넣는지 알아?"

"그야 공기보다 가벼우니까 그렇지. 그래야 풍선이 둥둥 뜨잖아."

영재가 말했다.

> **헬륨 기체를 들이마시면 목소리가 변한다?**
>
> 풍선에 든 헬륨 기체를 들이마시고 소리를 내면 마치 만화 주인공 '도널드 덕'처럼 높은 목소리가 나는데 그 이유는 뭘까? 헬륨은 공기 중에 있는 기체 중에서 수소 다음으로 가벼워. 그래서 헬륨만 모아 둔 곳의 밀도는 공기가 모인 곳의 밀도보다 훨씬 낮지. 밀도가 낮을수록 그곳을 지나가는 소리의 속도는 빨라지고 진동수가 커지거든. 그러니까 헬륨을 들이마시고 소리를 내면 보통 공기를 마신 상태에서 소리를 내는 것보다 소리의 속도가 빨라지고 진동수가 커지면서 높은 음을 내게 되는 거야.

"그래, 바로 그거야. 수소도 그렇거든. 수소는 지구상에서 가장 가벼운 기체야. 그리고 헬륨과 마찬가지로 색도 없고 냄새도 없지. 그래서 풍선에 넣으면 헬륨을 넣었는지 수소를 넣었는지 구분하기 힘들어."

그러자 달곰이가 다시 물었다.

"그럼 수소를 넣어도 되겠네."

"그건 절대 안 되지. 헬륨은 폭발하지 않는 안전한 기체이지만, 수소는 작은 불꽃에도 엄청나게 큰 폭발을 일으키거든. 풍선이 터져서 수소가 가득 찬 상태에서 촛불에 폭죽까지 터뜨렸다면, 아마 엄청난 폭발이 일어났을 거야."

"아, 그래서 아까 가스라이터를 못 켜게 하려고 뛰어든 거구나!"

달곰이가 이제야 알았다는 듯이 말했다.

"아니, 그럼 달곰이 넌 뭔 줄 알고 같이 뛰어들었어?"

혜성이가 묻자 달곰이가 겸연쩍은 듯이 웃으며 말했다.

"아니, 난 요리 누나가 뛰어들기에……."

"뭐라고? 하하하하."

그때였다. 짝짝짝짝! 누군가 박수를 치는 게 아닌가. 아이들이 돌아보니, 바로 명탐정 코단이었다.

"역시 대단해. 어떻게 수소 폭발을 생각해 냈지?"

요리는 쑥스러운 듯 얼굴을 붉혔다. 코단이 손을 내밀며 말했다.

"고마워, 내 생명의 은인이군."

코단과 악수하는 요리의 얼굴은 더욱 빨개졌다.

한편, 장내가 대부분 정리되자 멀 그러삼 반장은 박 교장에게 말했다.

"죄송합니다. 제가 너무 늦게 왔군요. 제 밑의 형사가 급하게 연락을 했더라고요. 전화하셨다고. 그 전화를 받았어야 했는데, 하마터면 큰일 날 뻔했습니다. 정말 다행입니다."

"그 사람들 마피아라고 하던데요."

박 교장의 말에 멀 그러삼 반장은 고개를 끄덕이며 말했다.

"맞습니다. 말씀하신 남자는 중간 보스인 마이클 포스터입니다."

"왜 마피아가 우리를 노린 거죠?"

"정확히 말하면 저를 노렸다고 할 수 있겠죠."

"멀 그러삼 반장님을요?"

"네. 제가 지난 석 달 동안 마피아의 불법 자금 유통에 대해 쫓고 있었거든요. 조금 전에 그 단서를 잡아 내일 아침 마피아 보스인 잭 스미스를 잡을 예정이었고요. 아무래도 그게 새어 나간 것 같습니다."

바로 그때였다. 어 형사가 헐레벌떡 뛰어오더니 소리쳤다.

"도망가고 있어요. AWE-3455! 빨리, 빨리 추적해 주세요."

어 형사는 파티장 밖에서 마이클 포스터의 행방을 찾았고, 그의 차가 막 주차장을 빠져나가는 것을 발견하고 쏜살같이 뛰어와 알린 것이다. 곧바로 경찰이 출동, 긴 추격 끝에 결국 마이클 포스터와 풍선을 날렸던 두 남자를 체포했다. 차 트렁크에서는 수소가 담긴 통과 아직 기체를 넣지 않은 풍선들이 발견되었다.

결국 사건은 예상대로 마피아 보스인 잭 스미스가 자신이 체포되기 전에 멀 그러삼 반장을 없앨 생각으로 계획한 범행. 그래서 공항에서부터 멀 그러삼 반장을 계속 미행하던 중, 저녁에 파티가 있는 것을 알고 그런 엄청난 일을 저지르려 한 것이었다. 덕분에 잭 스미스는 불법 자금 유통에 살인을 하도록 시킨 죄목이 하나 더 추가, 곧바로 체포되었다.

세상에 이름을 알리다!

다음 날 아침, 미국의 주요 신문에는 맨해튼 한복판에서 벌어질 뻔한 대 폭발을 막은 한국의 '어린이 과학 형사대 CSI'에 관한 기사가 빠지지 않고 실렸다. '어린이 과학 형사대 CSI'가 더 큰 세상에 이름을 알린 것이다. 그렇게 미국 연수 첫날부터 유명 인사가 된 아이들은 가는 곳마다 알아보는 사람들도 많아졌으니, '월드 스타'라고 할 수 있지 않을까?

그 후 아이들은 남은 기간 동안 여러 형사들과 탐정들의 강의도 듣고 관광도 하면서 알찬 시간을 보냈으니, 2주일이 정말 짧게 느껴졌다.

그리고 어느덧 한국으로 돌아가는 날이 되었다. 이번에는 코단, 멀 그러삼 반장과 함께 뉴욕 경찰청장도 배웅을 나왔다.

"꼭 다시 한 번 들러 주십시오. 그리고 CSI 대원 중에서 미국으로 유학을 와서 공부하고 싶은 친구가 있으면 언제든지 연락 주십시오. 성심성의껏 도와드리겠습니다."

"감사합니다. 한국에도 꼭 한 번 들러 주십시오."

박 교장도 인사를 했다. 멀 그러삼 반장이 서운한 듯 말했다.

"가서 나한테 편지 쓸 사람?"

"저요! 저요!"

어느새 아이들과 많이 친해진 멀 그러삼 반장. 반장은 조만간 꼭 한국에 오겠다는 약속을 했다. 아이들은 2주일 내내 함께 해 준 코단과 헤어지려고 하니, 살짝 눈물이 났다. 하지만 만남이 있으면 헤어짐이 있고, 또 헤어짐이 있으면 만남이 있는 법. 다음의 더 멋진 만남을 위하여 모두는 기꺼이 아쉬운 이별을 했다.

요리가 들려주는
사건 해결의 열쇠

'어린이 과학 형사대 CSI'의 뉴욕 방문을 축하하는 파티에서 발생할 뻔한 수소 폭발. 그 끔찍한 사건을 막을 수 있었던 것은 바로 공기와 수소의 성질에 대해 잘 알았기 때문이야.

💡 공기의 구성 성분

공기는 지구를 에워싸고 있으며 생물이 살아가는 데 없어서는 안 될 중요한 요소지. 그런데 공기는 한 가지 기체로 되어 있는 것이 아니라 여러 가지 기체가 모여 있는 혼합물이야. 가장 많은 것은 질소로 78% 정도를 차지하고 있고, 그 다음이 산소로 21% 정도를 차지하고 있지. 그리고 그 밖에 아르곤, 헬륨, 오존, 이산화탄소 등이 포함되어 있어.

공기 중에 있는 몇몇 기체는 적게 들어 있어도 중요한 역할을 해. 수증기는 이산화탄소와 함께 태양열과 지구 표면에서 내보내는 열을 공기 중에 가두어 지구의 온도를 따뜻하게 유지해 줘. 또한, 수증기는 비나 눈을 만드는 데에도 중요한 역할을 하지. 오존은 태양으로부터 오는 눈에 보이지 않는 해로운 자외선을 대부분 흡수해서 지구상의 생물들을 보호해.

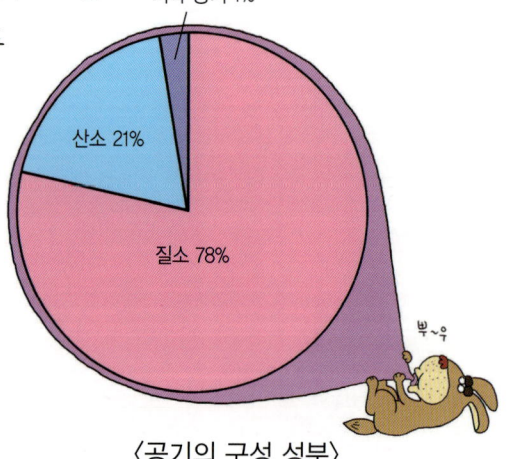

〈공기의 구성 성분〉

💡 여러 가지 기체의 성질

그러면 공기 중에 들어 있는 주요 기체들에 대해 좀 더 알아볼까?

산소는 색깔, 냄새, 맛이 없고 물에 잘 녹지 않아. 또, 여러 가지 원소가 산소와 결합할 때에는 많은 열을 내놓는데 이것을 '탄다'고 해. 그래서 물질이 타기 위해서는 꼭 산소가 필요해. 물질이 타는 것을 막을 때 이불을 씌우는 것은 산소와의 접촉을 막으려는 거야.

그리고 아주 중요한 역할! 모든 생물은 산소를 들이마셔야 살 수 있어. 땅속이나 물속에 사는 생물들도 흙 입자 사이에 있는 산소나 물에 녹아 있는 산소로 숨을 쉬지. 사람이 잠수할 때나 높은 산을 오를 때 큰 통을 메고 가지? 이는 숨을 쉴 산소를 가지고 가는 거야.

이산화탄소는 색깔, 맛, 냄새가 없고, 석회수를 뿌옇게 흐려지게 하며, 불을 끄는 성질이 있어. 그래서 소화기에 쓰이지. 이산화탄소는 우리가 숨을 쉴 때 몸 밖으로 나와. 또, 이산화탄소는 식물이 광합성을 하여 영양분을 만드는 데 꼭 필요하지.

산소를 이용한 산소 탱크

이산화탄소가 든 탄산음료

〈산소와 이산화탄소의 이용〉

이산화탄소는 우리 생활 여러 곳에서도 쓰여. 탄산음료에는 이산화탄소가 녹아 있고, 이산화탄소를 얼린 드라이아이스는 냉각제로 쓰이지.

질소는 자동차의 에어백에 쓰여. 또, 과자 등 식품을 포장할 때 채워 넣어 내용물이 부서지지 않게 하고 식품의 부패를 막아 신선하게 유지하는 데 이용되고 있지.

헬륨은 공기보다 가벼워 풍선이나 기구, 비행선 등에 넣고, 산소와 섞어서 심해 잠수 작업용 산소통에 넣기도 하지.

질소를 채운 과자 봉지 　　　　　헬륨을 채운 풍선

〈질소와 헬륨의 이용〉

💡 수소의 성질과 이용

수소는 냄새도 없고 색깔도 없는 기체인데, 매우 가벼워서 무게가 공기의 약 14분의 1이야. 지구상에 존재하는 물질 중에서 가장 가볍다고 할 수 있지. 수소는 청백색의 불꽃을 내면서 잘 타는 성질이 있는데, 특히 밀폐된 공간일수록 더 강력한 폭발이 일어나.

이런 위험에도 수소는 오늘날 아주 많은 곳에 이용되고 있어. 특히 오염

〈수소를 이용한 수소 자동차〉

이 없는 청정 에너지로 주목받고 있는데, 그 이유는 물에서 얻을 수 있으므로 그 양이 풍부하고, 탈 때 오염을 일으키는 물질을 내보내지 않아 환경 보호에 기여할 수 있기 때문이지.

앞으로도 수소는 산업용 기초 소재, 일반 연료, 수소 자동차, 수소 비행기, 연료 전지 등의 연료로 광범위하게 사용될 거야.

그러니까 생각해 봐. 풍선에는 보통 공기보다 가볍고 안전한 헬륨을 넣어. 그런데 범인은 **풍선 안에 헬륨 대신 수소를 넣은 거지.** 만약 풍선이 터져 수소가 가득한 상태에서 촛불이 켜지고 폭죽이 터졌다면 어떻게 됐겠어? 펑! **엄청난 수소 폭발**이 일어났겠지? 그래서 몸을 던져 케이크에 불을 붙이려는 것을 막은 거지. 어때, 이젠 알겠지?

어린이 과학 형사대 CSI의 대 활약! 5권에서 계속됩니다.

특별 활동

CSI, 함께 놀며 훈련하다!

영재랑 함께 하는 신기한 놀이

① 소리로 촛불 끄기

소리로 어떻게 촛불을 끌 수 있냐고? 소리가 공기의 진동이라는 사실을 이용하는 거야. 불을 사용하는 실험이니까 어른과 함께 해 보자.

준비물: 커다란 북, 초, 성냥

① 책상 위에 초가 쓰러지지 않게 잘 고정한다.

② 성냥으로 촛불을 켠다.

③ 그 옆에 커다란 북을 놓고 세게 두드리면서 어떻게 되는지 살펴본다.

어때? 입으로 불어서 촛불을 끄지도 않았고 바람이 불지도 않았는데 촛불이 꺼졌지? 그 이유가 뭘까? 그래! 북을 치면 북의 겉면이 진동하면서 공기를 진동시켜 소리가 나잖아? 그 소리가 공기 중으로 전달되어 촛불 옆의 공기를 진동시켰기 때문이지. 어때, 신기하지?

❷ 소리 반사 실험

소리가 어떤 물체를 만나면 반사되고 어떤 물체를 만나면 흡수되는지 궁금하지 않니? 그럼 한번 실험해 볼까?

어때? 거울을 대고 들었을 때에는 시계 초침의 째깍거리는 소리가 잘 들리지? 시계 소리가 관을 따라 이동해 단단한 거울 면에서 반사되어 다시 관을 타고 귀로 들어왔기 때문이지. 그런데 쿠션을 대고 들으면 째깍거리는 소리가 안 들리지? 푹신푹신한 쿠션이 소리를 흡수했기 때문이야.

CSI, 함께 놀며 훈련하다! 173

1 병 속의 구름 만들기

하늘에 둥둥 떠 있는 구름을 병 안에 넣고 볼 수 있다면 얼마나 신기할까? 어때, 같이 만들어 볼래?

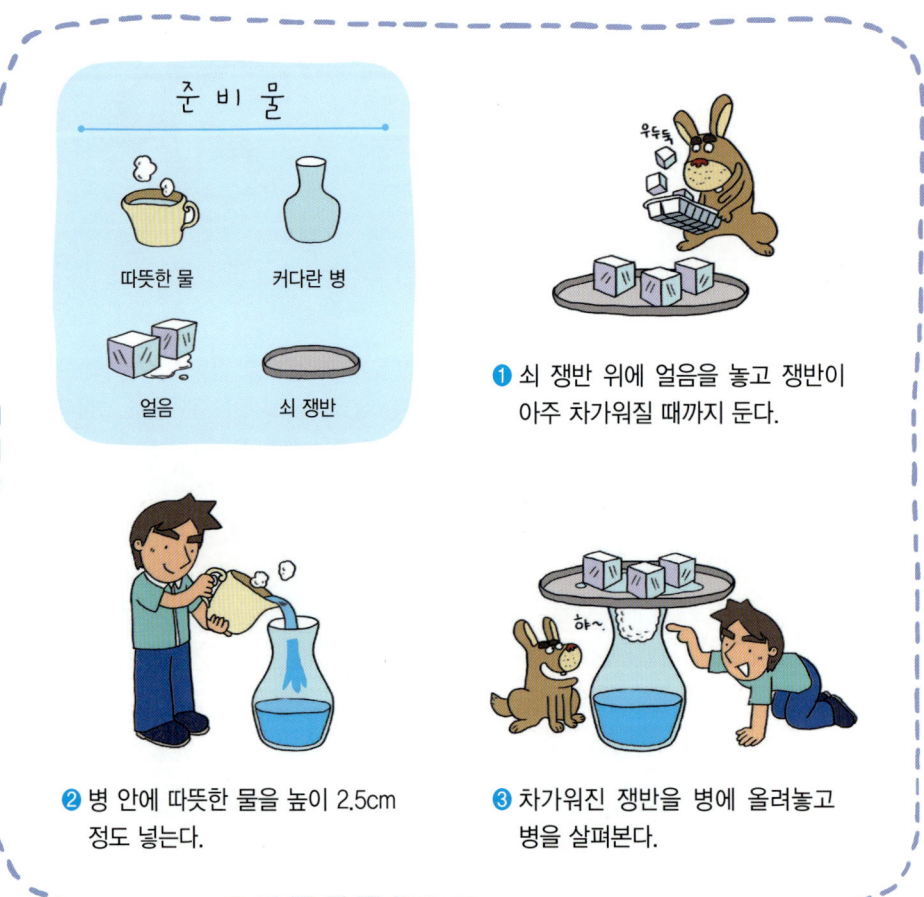

준비물: 따뜻한 물, 커다란 병, 얼음, 쇠 쟁반

❶ 쇠 쟁반 위에 얼음을 놓고 쟁반이 아주 차가워질 때까지 둔다.

❷ 병 안에 따뜻한 물을 높이 2.5cm 정도 넣는다.

❸ 차가워진 쟁반을 병에 올려놓고 병을 살펴본다.

어때? 쇠 쟁반 바로 밑, 즉 병의 입구 쪽에 뭔가 뿌연 것이 생기지? 그게 바로 구름이야. 병에 담긴 따뜻한 물이 증발해서 위로 올라가다가 차가운 쟁반과 부딪치면 다시 온도가 내려가면서 물방울이 돼. 이 물방울이 병 입구 가까이에 모이면서 구름이 생기게 된 거지. 재미있지?

2 풍향계 만들기

우리는 바람을 느끼지만 그 바람이 어디에서 불어오는지는 잘 모르지? 그럼 바람의 방향을 알 수 있는 풍향계를 만들어 볼까?

준비물: 도화지, 가위, 중간 굵기의 빨대, 펜, 지우개 달린 연필, 일회용 플라스틱 컵, 고무찰흙, 시침핀

❶ 플라스틱 컵의 밑면에 구멍을 뚫고 연필을 끼운 후, 펜으로 동서남북을 그린다.

❷ 가위로 도화지를 오려 큰 세모 두 개를 만들고 빨대의 양 끝에 끼워 화살표를 만든 후, 빨대의 중간을 연필 끝의 지우개에 시침핀으로 고정한다.

❸ 연필 끝을 고무찰흙에 고정하고, 나침반으로 북쪽을 찾아 고무찰흙을 바닥에 붙인다.

어때? 바람이 부는 대로 살랑살랑. 풍향계가 돌아가지? 그런데 이때 주의할 점! 바람의 방향은 바람이 불어오는 쪽을 말한다는 거야. 그러니까 서쪽에서 불어오는 바람은 '서풍'. 이젠 알겠지?

달곰이랑 함께 하는 신기한 놀이

❶ 흙 속 생물 찾아내기

흙 속에 어떤 생물들이 사는지를 관찰하기 위해서는 먼저 그들을 흙에서 나오게 해야 되겠지? 같이 해 보자.

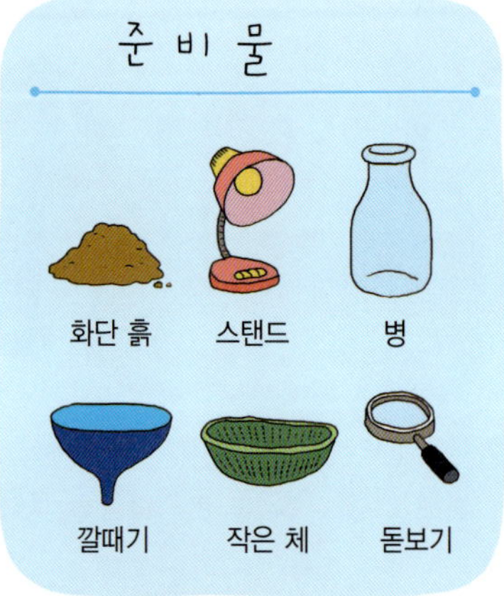

준비물: 화단 흙, 스탠드, 병, 깔때기, 작은 체, 돋보기

❶ 병 위에 깔때기를 끼우고 그 위에 체를 놓은 후, 흙을 담는다.

❷ 스탠드를 켜고 깔때기를 그 아래에 댄 후 그대로 둔다.

❸ 한참 후 무엇이 떨어졌나 돋보기를 이용해 살펴본다.

어때? 흙 속에 살던 작은 생물들이 병으로 떨어진 것을 볼 수 있지? 왜냐하면 흙 속에 사는 작은 생물들은 대부분 서늘하고 어두운 곳을 좋아하거든. 그러니까 따뜻하고 밝게 해 주면 그것을 피해 도망치는 거야. 자, 이제 어떤 생물들이 있는지 잘 관찰해 봐.

❷ 곰팡이 만들기

우리 주변의 생물을 이용해 쉽게 생기게 할 수 있는 작은 생물이 있어. 곰팡이야. 곰팡이는 어떻게 생겼을까?

와, 이게 뭐야! 하얗고 가는 실 모양의 곰팡이가 가득 핀 것을 볼 수 있어. 정말 희한하게 생겼지? 물론 이 곰팡이는 절대 먹으면 안 돼. 그럼 과일이나 채소에 이런 곰팡이가 피지 않게 하려면 어떻게 해야 할까? 그래! 곰팡이는 따뜻하고 습기 찬 곳을 좋아하거든. 그러니까 반대로 춥고 건조한 곳에 두면 되지. 냉장고처럼 말이야.

요리랑 함께 하는 신기한 놀이

❶ 톡 쏘는 맛의 비밀

톡 쏘는 맛이 시원한 사이다. 왜 그럴까? 그건 바로 이산화탄소가 녹아 있기 때문이야. 정말이냐고? 그럼 실험해 보면 되지.

어때? 병 주둥이에 씌운 비닐봉지가 점점 빵빵하게 부풀어 오르지? 뭔가 기체가 들어갔다는 얘긴데……. 그럼 그것을 촛불 위에 부어 보면? 불이 꺼지는 걸 볼 수 있지? 불을 끄는 성질을 가진 기체는 바로 이산화탄소. 그러니까 탄산음료에는 이산화탄소가 녹아 있는 거야. 어때, 신기하지?

❷ 저절로 부푸는 풍선

입이나 펌프를 사용하지 않아도 저절로 부푸는 풍선이 있다면, 어때? 신기하겠지? 그럼 같이 만들어 볼까?

준비물: 목이 좁은 유리병, 식초, 소다, 깔때기, 풍선

❶ 목이 좁은 유리병에 식초를 1/4 정도 넣는다.

❷ 풍선 주둥이에 깔때기를 끼우고 소다를 3티스푼 정도 넣은 후, 풍선을 병 입구에 끼운다.

❸ 풍선 속에 넣은 소다를 재빨리 식초 위에 떨어뜨리고 섞는다.

우아, 이게 뭐야! 식초와 소다가 섞이자마자 병에서 하얀 기체가 생기기 시작하지? 이게 바로 이산화탄소야. 그리고 잠시 후 이 이산화탄소 기체가 풍선 속으로 들어가면서 풍선이 저절로 빵빵하게 부풀어 오르지. 어때, 재미있지? 한번 해 봐!

ㄱ
감각 기관 71
고기압 102
곤충 109
곰팡이 132
공기 160
구름 100, 101
구름 사진 91, 103
굴절 41
균류 132
기상 위성 91
기압 102

ㄷ
데이터베이스 141
동물 세포 72
DNA 72, 73

ㄹ
레이우엔훅 130

ㅁ
매질 41
머리카락 66
메우치 17

미생물 130
미토콘드리아 71

ㅂ
바람 102
반사 41
배설 기관 70

ㅅ
산소 160, 161
상층운 101
새털구름 91, 101
세균 126, 133
세포 63, 71
세포막 71
세포질 71
소나기구름 91, 101
소리 40
소리의 3요소 42
소리의 높낮이 42
소리의 세기 42
소화 기관 70
솔이끼 132
수소 154, 162

수소 폭발 153
수증기 160
수직운 101
순환 기관 70
식물 세포 72

ㅇ
안개구름 101
양떼구름 101
염색체 71
오존 160
우산이끼 132
유전 72
유전자 63
음색 43
이끼류 132
이산화탄소 161, 162
일기 예보 102
일기도 103

ㅈ
작은 생물 130
저기압 102
전화 17

젖산균 133
주파수 35
중층운 101
쥐며느리 131
지렁이 131
진동 40
질소 160, 162

ㅍ
풍속 93, 102
풍속계 93
풍향 102
피 48, 50

ㅎ
하층운 101
핵 63, 71
헬륨 154, 162
혈흔 50
호흡 기관 70
흡수 41
힌덴부르크 호 153